MW01173649

WESTERN EDUCATIONAL ACTIVITIES LTD.
12006 - 111 Ave. Edmonton, Alberta T5G 0E6
Ph: (780) 413-7055   Fax: (780) 413-7056
GST # R105636187

Lecciones de lenguaje
Palabras y vocabulario
Nivel intermedio

de Imogene Forte

Incentive Publications, Inc.
Nashville, Tennessee

Ilustraciones de Gayle S. Harvey
Arte de la portada de Rebecca Rüegger
Traducción de Interlang Translating Services, Nashville, Tennessee

ISBN 0-86530-581-1

IMPRESO EN LOS ESTADOS UNIDOS DE AMÉRICA
www.incentivepublications.com

La tabla de contenido

Comprensión de las palabras y destrezas de sensibilidad 47

Apéndice 73

Cómo utilizar este libro

La alfabetización es un importante marco de referencia en la educación de los estudiantes en las aulas de hoy. Si no se sabe leer, escribir y escuchar, el proceso de aprendizaje se convertirá en algo progresivamente difícil, y los obstáculos y las limitaciones a cualquier logro académicos se acumularán y solidificarán con el pasar del tiempo.

En el mundo de hoy, tan saturado de información y dependiente de la tecnología, es particularmente importante para los niños ganar y utilizar en forma significativa las habilidades y conocimientos asociados a la alfabetización, a una temprana edad. El éxito en estudios de alto contenido como los de las matemáticas, los estudios sociales y las ciencias, y aún en los campos de la ilustración, incluyendo el arte, la música y la literatura, depende principalmente del nivel de alfabetización. Con un sólido conocimiento del lenguaje, el futuro académico de los estudiantes tendrá menos limitaciones, y sus metas, expectativas y sueños personales tendrán una mejor oportunidad de tornarse en realidad. Precisamente por la importancia de alcanzar un alto grado de alfabetización para todos los estudiantes es que la Serie de lecciones de lenguaje (Language Literacy Lessons Series) fue desarrollada.

Propósito de las *Lecciones de lenguaje: El manual de Palabras y vocabulario, Nivel intermedio* cumple con ayudar a los estudiantes a alcanzar sus metas de alfabetización mediante el refuerzo de habilidades y conocimientos claves en el uso del lenguaje. Los ejercicios en este libro han sido concebidos para permitir a los estudiantes practicar sus habilidades y conocimientos esenciales de lectura. Una lista de dichas habilidades y conocimientos, en la página 10, desglosa las habilidades y conocimientos tratados. Dicha lista ha sido cuidadosamente compilada como resultado de investigaciones relacionadas con el lenguaje, y las habilidades y conocimientos específicos asociados a cada lección guardan relación con las edades más apropiadas a los diversos niveles de alfabetización.

Mediante el uso de las lecciones de este libro, los estudiantes mejorarán sus habilidades y conocimientos personales relacionados con el uso del lenguaje ¡mientras avanzan para satisfacer los estándares nacionales! Para ayudar en la planificación de las lecciones, una matriz muy fácil de usar, reproducida en las páginas 8 y 9, presenta las correlaciones establecidas en los National Language Arts Standards (estándares nacionales en el uso del lenguaje), correspondientes a cada lección del libro.

No sólo se relacionan los ejercicios con las habilidades y conocimientos esenciales en el uso del lenguaje y con los National Language Arts Standards, sino que también son imaginativos y, por sus características, se demostrarán divertidos y muy interesantes para los estudiantes. La creatividad de los ejercicios se pondrá de manifiesto mediante la incorporación de situaciones interesantes acerca de las cuales escribir, así como de encantadoras ilustraciones destinadas a inspirar las respuestas de los estudiantes.

Mientras mejoran las habilidades y conocimientos en el uso del lenguaje, será evidente un mayor progreso escolástico, entre los estudiantes. El desarrollo de las habilidades y conocimientos en el uso del lenguaje permitirá a los estudiantes alcanzar metas realizables, de acuerdo a sus intereses, y embarcarse en una jornada por el mundo del conocimiento ¡que durará toda la vida!

La matriz de niveles

Nivel	Página con ejercicio
Nivel 1: Los estudiantes leen una amplia gama de textos impresos y no impresos, a fin de mejorar su comprensión de dichos textos, de sí mismos, y de las culturas de los Estados Unidos y el mundo, y así poder adquirir nueva información, responder a las necesidades y demandas de la sociedad y el mundo del trabajo, y para su satisfacción personal. Entre estos textos hay textos de ficción y no literarios, textos clásicos y contemporáneos.	23, 30, 53, 57, 75
Nivel 2: Los estudiantes leen una amplia gama de géneros literarios de varios períodos, a fin de aumentar su comprensión de las muchas dimensiones (por ejemplo, las filosóficas, éticas, estéticas) de la experiencia humana.	19, 37, 54, 55, 71, 72
Nivel 3: Los estudiantes aplican una amplia gama de estrategias para comprender, interpretar, evaluar y apreciar los textos. Aprovechan sus experiencias anteriores, su interacción con otros lectores y escritores, su conocimiento del significado de las palabras y de otros textos, sus estrategias de identificación, y su comprensión de las características de los textos (por ejemplo, la relación entre sonidos y las letras del alfabeto, la estructura de las frases, el contexto, los elementos gráficos).	18, 28, 40, 41, 58, 59
Nivel 4: Los estudiantes ajustan su uso del lenguaje hablado, escrito y visual (por ejemplo, las convenciones, el estilo, el vocabulario) para comunicar efectivamente con una variedad de audiencias y diversidad de propósitos.	13, 14, 15, 27, 32, 69
Nivel 5: Los estudiantes emplean una amplia gama de estrategias al escribir, y saben utilizar correctamente diversos elementos en su proceso de redacción, a fin de comunicarse efectivamente con varios tipos de audiencias y diversidad de propósitos.	38, 45, 63, 64, 70
Nivel 6: Los estudiantes aplican sus conocimientos de la estructura y las convenciones del lenguaje (por ejemplo, la ortografía y puntuación), las técnicas del medio, el lenguaje figurativo y el género, a fin de crear, criticar y poder discutir textos impresos y no impresos.	16, 21, 29, 33, 46, 52

Standards for the English Language Arts, por la International Reading Association y el National Council of Teachers of English, Copyright 1996 de la International Reading Association y el National Council of Teachers of English. Reimpresión autorizada.

La matriz de niveles

Nivel	Página con ejercicio
Nivel 7: Los estudiantes investigan cuestiones e intereses, generando ideas y preguntas, y planteando problemas. Captan, evalúan y sintetizan datos procedentes de una variedad de fuentes (por ejemplo, textos impresos y no impresos, artefactos, gente) para informar acerca de sus hallazgos en forma conveniente a sus propósitos y adecuada a su audiencia.	20, 22, 24, 27, 35, 60, 65
Nivel 8: Los estudiantes utilizan una variedad de recursos tecnológicos e informativos (por ejemplo, bibliotecas, bancos de datos, redes informáticas, grabaciones en video) para captar y sintetizar información, y formular y comunicar conocimientos.	12, 25, 36, 42, 62, 68
Nivel 9: Los estudiantes desarrollan un conocimiento y respeto por la diversidad en el uso y patrones del lenguaje, así como de los dialectos entre las culturas, etnias, regiones geográficas y posiciones sociales.	26, 37, 41
Nivel 10: Los estudiantes cuya lengua materna no es el inglés hacen uso de ese primer idioma para desarrollar sus habilidades y conocimientos en la utilización del inglés e incrementar la comprensión de su contenido a lo largo de su programa de estudios.	Todos
Nivel 11: Los estudiantes participan como miembros conocedores, reflexivos, creativos y críticos en una variedad de comunidades literarias.	42, 44, 51, 56, 66, 67
Nivel 12: Los estudiantes utilizan la palabra hablada, escrita y visual para lograr sus propósitos (por ejemplo, aprender, disfrutar o distraerse, persuadir e intercambiar información).	31, 34, 39, 43, 49, 50, 61, 74

Lecciones de lenguaje /
Palabras y vocabulario—Nivel intermedio

Standards for the English Language Arts, por la International Reading Association y el National Council of Teachers of English, Copyright 1996 de la International Reading Association y el National Council of Teachers of English. Reimpresión autorizada.

La lista de control de las habilidades y conocimientos

√	Habilidad	Página
	utilizando símbolos fonéticos	12
	reconociendo y utilizando vocabulario de vista	13, 14, 15
	clasificando las palabras	16
	utilizando claves gráficas	17
	utilizando claves de contexto	18, 19
	definiendo y utilizando palabras según su clasificación o función	20, 21, 22, 23, 24
	utilizando palabras precisas	25, 26
	ampliando el vocabulario	27, 34
	reconociendo palabras mal escritas	28
	reconociendo y utilizando sustantivos, verbos y adjetivos	29
	reconociendo y utilizando sinónimos	30
	reconociendo y utilizando antónimos	31
	seleccionando la palabra la más apropiada	32
	reconociendo y utilizando palabras compuestas	33
	reconociendo y utilizando palabras de contenido	35, 36
	interpretando y transmitiendo el significado de una variedad de palabras	37
	formando asociaciones de palabras	38, 39, 40, 41
	demostrando habilidades en la ampliación del vocabulario	42, 43, 44, 45, 46
	demostrando sensibilidad a las palabras	48, 49, 50
	formando impresiones sensoriales	51
	interpretando expresiones figurativas e idiomáticas	52
	interpretando y transmitiendo sensaciones y estados de ánimo sugeridos por palabras	53, 54, 55, 56
	reconociendo la relación entre palabras	57, 58, 59
	reconociendo y utilizando palabras descriptivas	60, 61
	reconociendo y utilizando palabras descriptivas	62
	utilizando palabras y frases más pintorescas	63, 64, 68
	reconociendo y utilizando palabras y frases descriptivas	65, 66, 67
	demostrando conocimiento, aplicación y gusto por las palabras	69
	desarrollando el gusto por las palabras	70
	identificando el quién, el qué, el cuándo, el dónde, el porqué, y el cómo	71
	escribiendo un memo	72
	demostrando conocimiento, aplicación y gusto por las palabras	74
	desarrollando el gusto y la independencia	75

Habilidades para el reconocimiento y uso de las palabras

La ciudad del diccionario

Busca cada una de las palabras en las señales de la Ciudad del diccionario.

En algunas señales hay dos palabras. En total hay 15 palabras.

En las líneas que siguen, escriben las palabras y cómo se escriben fonéticamente: por ejemplo, **taller** (tayer).

1. _____
2. _____
3. _____
4. _____
5. _____
6. _____
7. _____

8. _____
9. _____
10. _____
11. _____
12. _____
13. _____
14. _____

Nombre: _____

Fecha: _____

Utilizando símbolos fonéticos

Lecciones de lenguaje / Palabras y vocabulario—Nivel intermedio

Hay ciertas cosas que aparentemente no sirven para nada

¿Qué crees que harías con un catamarán o con un ciempiés o con un carnívoro? ¿Podrías comértelos, o podrías envolver uno de ellos para regalar a un amigo para su cumpleaños, o podrías llevar uno de ellos contigo al cine? ¡No lo creo! Es difícil saber qué hacer con ciertas cosas o dónde ponerlas.

Usa tu diccionario si necesitas ayuda para entender el significado de las palabras incluídas en las líneas más abajo. Luego dibuja un círculo alrededor de la función que mejor corresponde a cada palabra.

1. boina	ponerla en una ensalada	contarle una historia	usarla
2. acróstico	leer y recitarlo	comerlo	jugar a la pelota con él
3. cachemir	vestirlo para calentarse	pintarlo	sentarse encima
4. croquet	matar insectos con él	jugarlo	sentarse encima
5. experto	evitarlo	enterarse de algo	halagarlo
6. avalancha	acercarse a ella	apartarse de ella	fotografiarla
7. gruta	explorarla	usarla como monedero	cantarle
8. baguette	pintarla de rojo	hacer un sándwich	escribir en ella
9. matriarca	honrarla	jugar con ella	ignorarla
10. boutique	nadar en ella	boicotearla	comprar en ella
11. epidemia	alejarse de ella	participar en ella	disfrutarla
12. expedición	preparar para ella	lamentarla	dar saltitos alrededor de ella
13. propaganda	repetirla	resistirla	apuntarla
14. parafernalia	usarla prudentemente	reunir todo lo posible	botarla completamente
15. elaboración	difundirla	evaluar su exactitud	discutirla
16. extorsión	ponerla al descubierto	observarla	aprobarla
17. antigüedad	usarla regularmente	conservarla	deshacerse de ella
18. erudito	aprender de él	competir con él	no hacer caso de él
19. nonagenario	apartarse de él	respetarlo	tomarle el pelo
20. fobia	superarla	someterse a ella	negarla

Nombre: _____   Fecha: _____ (13)

Revisión de vocabulario

Hay ciertas palabras que puedes leer, pronunciar y hasta escribir sin que sepas su significado. Hay otras que puedes leer pero no pronunciar, y aún otras que puedes pronunciar pero no escribir.

Cada persona tiene un vocabulario para hablar, otro vocabulario para leer y otro para escribir. Un vocabulario es muy personal y cambia constantemente.

Haz un chequeo de tu vocabulario e intenta ampliarlo. Dibuja un círculo alrededor de la palabra que mejor contesta cada pregunta. (En ciertos casos, es posible que ambas palabras sean correctas. Así que ¡piensa bien tu decisión!)

1. ¿Escribirías un **panegírico** o un **ensayo** para un <u>homenaje fúnebre</u>?

2. ¿Requererías un **contrato** o una **constitución** para asegurar que <u>se cumpla un negocio</u>?

3. ¿Usarías una **receta** o un **recibo** para <u>preparar un pastel de manzana</u>?

4. Tu <u>médico</u> ¿te daría una **receta** o una **profecía**?

5. Un <u>compositor</u> ¿**compondría letras** o **versos humorísticos**?

6. Un <u>novelista</u> ¿escribiría **realidad** o **ficción**?

7. Una <u>diva</u> ¿daría una **representación** o una **proclamación**?

8. Un <u>juez</u> ¿notificaría a alguien una **orden de comparecencia** o un **escenario**?

9. <u>Una persona a quien le tiene aversión a los espacios cerrados</u> tales como armarios o ascensores ¿sufriría de **aquafobia** o **claustrofobia**?

10. <u>Una persona mentirosa</u> ¿se conocería por **recurrir a evasivas** o por **dejar las cosas para más tarde**?

11. <u>Una persona que prefiere no ser conocida</u> ¿iría a una fiesta de **incógnito** o **incapacitado**?

12. <u>A una persona que mira más allá de lo rutinario con cierta imaginación y creatividad</u> ¿se le calificaría de **visionario** o de **villano**?

13. ¿Irías a un **museo** o a un **mausoleo** para <u>ver unos cuadros famosos</u>?

14. ¿Buscarías <u>información sobre las estrellas y otros cuerpos celestes</u> visitando un **planetario** o una **plantación**?

15. ¿Te referirías <u>a una persona apasionada y locuaz pro una causa</u> como **provocativa** o **proactiva**?

16. ¿Llevarías un <u>animal doméstico enfermo</u> a un **ventrílocuo** o a un médico **veterinario**?

17. ¿Consultarías a un **naturalista** o a un **nutricionista** para <u>enterarte de una dieta saludable</u>?

Nombre:

Fecha:

Reconociendo y utilizando vocabulario de vista

Lecciones de lenguaje / Palabras y vocabulario—Nivel intermedio

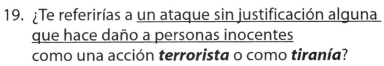

18. ¿Te referirías a <u>una persona sociable quien se interesa en la vida de los demás</u> como **extravagante** o **extrovertida**?

19. ¿Te referirías a <u>un ataque sin justificación alguna que hace daño a personas inocentes</u> como una acción **terrorista** o como **tiranía**?

20. ¿Te referirías a <u>una acción heróica y valiente por demás del deber</u> como un acto de **valentía** o un acto de **vanidad**?

21. ¿Te referirías a <u>una búsqueda organizada en la Internet para obtener información acerca de un tema específico</u> como una **investigación** o como una **inquisición**?

22. ¿Calificarías de **invasiva** o de **inválida** <u>la indagación injustificada de la vida de un particular</u>?

23. ¿Se llamaría **quiropráctico** o **cardiólogo** <u>un médico especialista en el cuidado y tratamiento del corazón</u>?

24. ¿Un <u>grupo de gansos</u> se llama una **bandada** o un **bandido** de gansos?

25. ¿La <u>música</u> se calificaría de **vocación** o de **pasatiempo para toda la vida** en el caso de que un <u>ingeniero electrotécnico se dedicara a la música diligentemente</u>?

26. ¿Consultarías a un **arquitecto** o a un **agrónomo** con respecto a <u>planes para una nueva casa</u>?

27. ¿Consultarías a un **cosmetólogo** o a un **conservacionista** con respecto al <u>rejuvenecimiento de la piel</u>?

28. ¿Te referirías a <u>una persona quien está llorando la muerte de una persona querida</u> como **afectuosa** o **afligida**?

29. ¿Calificarías a <u>una persona quien está constantemente buscando maneras fuera de lo común para cumplir cosas comunes</u> de **innovadora** o de **introvertida**?

30. ¿Visitarías un **solarium** o un **acuario** para observar <u>peces y otras formas de vida submarina</u>?

31. ¿Describirías un <u>paisaje apacible y rural</u> como **transparente** o **tranquilo**?

32. ¿Calificarías a una <u>persona quien da libremente de sus medios económicos</u> de **generosa** o **gregaria**?

33. ¿El <u>primer número de un concierto clásico</u> se llama el **preludio** o el **preámbulo**?

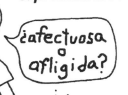

34. ¿Una <u>selección de música que el público pide que la orquesta toque al final de un concierto</u> se llama un **bis** o una **bisagra**?

| *Reconociendo y utilizando vocabulario de vista* |

Chequeo de clasificación

Antes de hacerse a la mar, el capitán Bill Cox quería asegurar que todo estaba limpio y ordenado.

Ayúdale con el último chequeo de clasificación. Lee cada grupo de palabras.

Cuatro palabras en cada grupo tienen algo en común. Tacha la palabra en cada grupo que no pertenece.

Luego, selecciona la etiqueta del casco del barco que corresponde a cada grupo. Escribe las etiquetas en las líneas debajo de los grupos de palabras.

tormenta	**luna**	**reloj**
música	**estrellas**	**binoculares**
huracán	**arena**	**telescopio**
lluvia	**cometa**	**ancla**
granizo	**sol**	**correa transportadora**

_____   _____   _____

vela
casco
camarote
cubierta

_____

☆ partes de un barco   ☆ tiempo

☆ cuerpos celestes   instrumentos ☆

Lecciones de lenguaje / Palabras y vocabulario—Nivel intermedio
Copyright ©2003 de Incentive Publications, Inc.
Nashville, TN.

Lo que dicen las señales

¿Sabrías interpretar el significado de cada una de las siguientes señales para una persona quien habla un lenguaje otro que el tuyo? Escribe una oración completa para explicar el significado exacto de cada señal.

1. _____
_____

2. _____
_____

3. _____
_____

4. _____
_____

5. _____
_____

Nombre: _____ Fecha: _____

Lecciones de lenguaje / Palabras y vocabulario—Nivel intermedio

Copyright ©2003 de Incentive Publications, Inc.
Nashville, TN.

Utilizando claves gráficas

Las respuestas primero

Normalmente se requiere que escribas las respuestas a las preguntas. Esta vez, eres *tú* quien escribes las preguntas.

1. Pregunta: _____
   Respuesta: Payasos ambulantes

2. Pregunta: _____
   Respuesta: Hace aproximadamente cien años

3. Pregunta: _____
   Respuesta: Más rápido que una bala disparada

4. Pregunta: _____
   Respuesta: Un animal con el cuello largo

5. Pregunta: _____
   Respuesta: Corazones confundidos

6. Pregunta: _____
   Respuesta: Te quita la sed

7. Pregunta: _____
   Respuesta: Un millionario

8. Pregunta: _____
   Respuesta: Es más tarde que piensas

9. Pregunta: _____
   Respuesta: Una máquina de cortar el césped

10. Pregunta: _____
    Respuesta: En pequeña escala

11. Pregunta: _____
    Respuesta: La Internet

12. Pregunta: _____
    Respuesta: El hockey

13. Pregunta: _____
    Respuesta: Júpiter

14. Pregunta: _____
    Respuesta: Una dieta bien equilibrada

15. Pregunta: _____
    Respuesta: Un arco iris

Nombre: _____   Fecha: _____

Utilizando claves de contexto

Lecciones de lenguaje / Palabras y vocabulario—Nivel intermedio
Copyright ©2003 de Incentive Publications, Inc.
Nashville, TN.

Un cuento de miedo

Lee el cuento de Helga y Nars.

Selecciona palabras de la fuente de palabras para completar cada oración.

Escribe 2 oraciones que den un final de sorpresa a este cuento.

Helga y Nars nunca hubieran debido salir de casa tan tarde en un día como éste. Los hermanos fueron sorprendidos_____y agarrados por la ventisca _____ y el tiempo malo. Nubes_____, repentinos relámpagos, y fuertes truenos empezaron a verse y a oirse todos a la vez. La ventisca se ponía más y más _____con cada minuto. Como su madre tullida quedaba en casa solita, se sentían verdaderamente_____ por su seguridad. Como el viento azotador y la nieve cegadora se ponían cada vez más fuerte, Nars se puso_____. Puso sus manos heladas en sus bolsillos, sin embargo, y fue_____adelante. Estaba tratando_____de guardar a Helga para que no se_____. Como Helga le seguía los pasos, su corazón latía_____. Sólo pensaba en lo_____y fría que estaba. Como la nieve había borrado por completo el sendero, ambos niños se sentían _____y _____. Al atardecer, hasta el valiente Nars empezaba a sentir _____.

_____

_____

Palabras que puedes utilizar:

confusos	violenta	frenéticamente	inesperada	miserable
valientemente	desesperadamente	oscuras	asustados	completamente
desesperados	miedo	abrumador	se alarmara	alarmado

Nombre: _____ Fecha: _____

Lecciones de lenguaje / Palabras y vocabulario—Nivel intermedio
Copyright ©2003 de Incentive Publications, Inc.
Nashville, TN.

Los jugadores

A Juanita y Jorge les gusta mucho jugar juegos de palabras. Como puedes imaginar, tienen un léxico enorme y siguen sorprendiendo a sus amigos con las palabras que saben usar tanto por escrito como en conversación.

Hoy quieren jugar el juego de las categorías de las palabras. Las siguientes son las reglas de este juego: • Los jugadores seleccionan una categoría de la lista más abajo para servir de título de la lista de palabras.

• Luego ellos tienen que escribir dieciseis palabras que corresponden a esa categoría tan pronto como puedan.

• La persona quien completa la lista de categoría primero es la que gana.

Como pura diversión, juega tú el juego de Juanita y Jorge. Selecciona dos categorías y crea una lista para Juanita y otra para Jorge.

Normalmente hace falta como cinco minutos para que Juanita y Jorge completen una lista de dieciseis palabras. Calcula el tiempo que tomas para ver cómo compara con el tiempo que ellos toman.

Categorías:

Medios de transporte • Países • Autores • Carreras
Animales de la selva • Insectos • Inventores • Deportes

La lista de Juanita	**La lista de Jorge**

Categoría: _____   Categoría: _____

La lista de Juanita		La lista de Jorge	
1. _____	9. _____	1. _____	9. _____
2. _____	10. _____	2. _____	10. _____
3. _____	11. _____	3. _____	11. _____
4. _____	12. _____	4. _____	12. _____
5. _____	13. _____	5. _____	13. _____
6. _____	14. _____	6. _____	14. _____
7. _____	15. _____	7. _____	15. _____
8. _____	16. _____	8. _____	16. _____

Nombre: _____   Fecha: _____

Definiendo y utilizando palabras
según su clasificación o función

Lecciones de lenguaje / Palabras y vocabulario—Nivel intermedio
Copyright ©2003 de Incentive Publications, Inc.
Nashville, TN.

Huevos revueltos

Busca y dibuja un círculo alrededor de los nombres de 32 animales que ponen huevos. Los nombres pueden encontrarse vertical-, horizontal- y diagonalmente. Pero no se encuentran ni al revés ni de arriba abajo.

Las letras que quedan representan el nombre de un animal que pone huevos y que habitaba la tierra hace muchísimo tiempo pero que ya no existe.

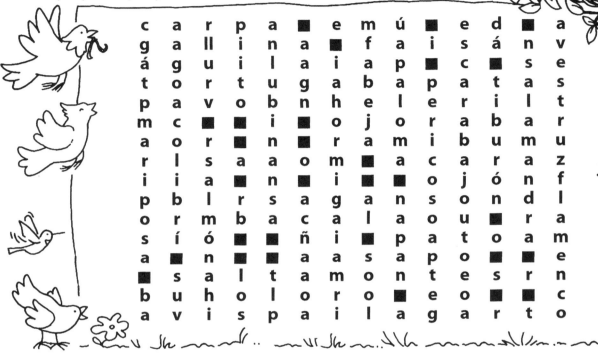

```
c a r p a ■ e m ú ■ e d ■ a
g a ll i n a ■ f a i s á n v
á g u r i a i a b a c ■ s e
t o v o l a i b a p t i a s
p a ■ ■ b i h o e p r b a t
m c r ■ i ■ o r o i a u m r
a o s ■ n ■ m i a c a j a u
r l ■ r a o m i o s j ó n z
i b a n s g a l a o o n d f
p r r b a a n a s u r ■ r l
o í m b c a l a o t o a a a
s ó ■ ■ ñ i ■ p o u ■ m ■ m
a n ■ l a a s a t o s e ■ e
■ s a h t m o n e o ■ o ■ n
b u h o l o r ■ e r ■ r ■ c
a v i s p a i l a g a r t o
```

Escribe las palabras así como las encuentras en las casillas.

1. e _ _ _
2. r _ _ _ _
3. c _ _ _ _ _ _ _
4. a _ _ _ _ _ _
5. p _ _ _ _
6. p _ _ _ _
7. h _ _ _ _ _ _ _
8. t _ _ _ _ _ _ _
9. b _ _ _ _ _ _ _
10. a _ _ _ _ _
11. t _ _ _ _ _ _ _

12. m _ _ _ _ _ _ _ _
13. p _ _ _ _ _ _
14. c _ _ _ _ _ _
15. g _ _ _ _ _
16. p _ _ _ _ _ _
17. s _ _ _ _ _ _ _ _ _ _ _
18. s _ _ _ _ _ _ _ _ _ _
19. l _ _ _ _
20. s _ _ _ _ _ _
21. e _ _ _ _ _ _ _ _ _ _
22. f _ _ _ _ _ _

23. a _ _ _ _ _ _ _ _ _
24. a _ _ _ _ _
25. g _ _ _ _ _ _
26. f _ _ _ _ _ _ _ _
27. l _ _ _ _ _ _ _
28. c _ _ _ _ _
29. a _ _ _ _ _ _
30. s _ _ _ _ _
31. l _ _ _ _ _ _
32. b _ _ _ _

Ordene las letras de modo que formen el nombre ¿de qué animal? _____

¿Los huevos de cuál animal te parece que sean los más sabrosos para el desayuno? _____

Nombre: _____ Fecha: _____ 21

¡Qué no llueva más!

Susana y Carlos planeaban durante días y días una excursión al zoo. ¿Quién habría anticipado que iba a llover así de repente? "Pues bien," se dijeron, "No hay mal que por bien no venga. No vamos a permitir que un poco de lluvia estropee el día. Iremos después de que cese.

Para divertirse mientras esperaban que la lluvia acabara, inventaron un juego y lo llamaron el juego de **"¡Qué no llueva más!"**

Para participar en el juego, escribe una palabra o una frase relacionada con la lluvia, empezando con cada una de las letras del alfabeto. Trata de crear palabras que tienen que ver con el tiempo, con ropa para lluvia, los efectos de la lluvia y hasta puedes crear de modo muy imaginativo nuevas palabras o nuevas frases en el caso de las letras que te presentan dificultades.

A _____

B _____

C _____

CH _____

D _____

E _____

F _____

G _____

H _____

I _____

J _____

K _____

L _____

LL _____

M _____

N _____

Ñ _____

O _____

P _____

Q _____

R _____

S _____

T _____

U _____

V _____

W _____

X _____

Y _____

Z _____

Nombre: _____   Fecha: _____

Definiendo y utilizando palabras según su clasificación o función

Lecciones de lenguaje / Palabras y vocabulario—Nivel intermedio
Copyright ©2003 de Incentive Publications, Inc.
Nashville, TN.

El cuento de una anciana

Lee el cuento que sigue.

Dibuja un círculo alrededor de las palabras en cada oración que indican el quién, qué, cuándo, dónde, cómo y por qué del texto, y también pon una etiqueta en dichas palabras.

(¡Ten cuidado porque no todas las oraciones indican tales cosas!)

Luego <u>subraya</u> todas las palabras que indican acción.

Una mañana de invierno, una símpatica anciana quedaba sentada temblando

delante de su pobre hogar tratando de calentarse. Súbitamente, un hada le

apareció. El hada dijo "Gracias a la magia que es mía, aquí estoy para otorgarte

un deseo." "O, hada tan amable," exclamó la anciana, "con tu magia, calienta mi

casa para que no me muera del frío." Inmediatamente, como el hada movía su

varita mágica, la casa se puso caliente y acogedora. "O cuánto te agradezco por

su bondad," dijo la anciana. El hada sonrió, le dio un besito en la frente de la

anciana, e instantáneamente desapareció.

Nombre: _____   Fecha: _____ (23)

La renovación del barco

nuevo antiguo
contemporáneo
fresco

El capitán quiere que se renueva su barco. Está triste porque alguien pintó palabras en el casco del barco que no todas pertenecen a la misma categoría.

Ayúdele y tacha la palabra en cada grupo que no pertenece a las otras palabras.

Luego lee las palabras en cada línea más abajo del barco. Tres de cada cuatro palabras tienen algo en común. Tacha la palabra que *no pertenece* a su categoría.

Entonces, escribe la categoría que sí tienen en común, en la línea provista.

1. vela	ancla	sombreros de señora	cubierta	_____
2. octopus	cordero	ballena	delfín	_____
3. apartamento	duplex	dormitorio	cueva	_____
4. automóvil	motocicleta	platija	carro	_____
5. fuente	frigorífico	jarra	bol	_____
6. cacerola	postre	sartén	suflé	_____
7. trueno	traición	relámpago	granizo	_____
8. romero	salvia	sorbete	tomillo	_____
9. pediatra	cirujano	abogado	cardiólogo	_____
10. popular	álamo	abeto	pino del Canadá	_____
11. amígdalas	apéndice	estetoscopio	laringe	_____
12. arena	concha	madera	orquídea	_____
13. florista	horticulturalista	flautista	botánico	_____
14. poeta	biógrafo	novelista	actriz	_____
15. parka	impermeable	prendedor	capa	_____
16. viaje	travesía	apnea	estancia	_____
17. bandido	pirata	mago	ladrón	_____
18. lámpara	reloj	vela	linterna	_____
19. litera	futon	teléfono	cama	_____
20. banquete	festín	comida	vasija	_____

Nombre: _____

Fecha: _____

Definiendo y utilizando palabras según su clasificación o función

Lecciones de lenguaje / Palabras y vocabulario—Nivel intermedio
Copyright ©2003 de Incentive Publications, Inc.
Nashville, TN.

Un listado muy preciso

Ali el Autor se ha esforzado por mucho tiempo para llegar a ser un buen autor. Los redactores le dicen que necesita ser más preciso.

Ayuda a Ali a crear un listado de sinónimos precisos para cada uno de los clisés incluidos en su listado.

grande (adjetivo)

1. _____
2. _____
3. _____
4. _____
5. _____
6. _____

bueno (adjetivo)

1. _____
2. _____
3. _____
4. _____
5. _____
6. _____

colocar (verbo)

1. _____
2. _____
3. _____
4. _____
5. _____
6. _____

rápido (adverbio)

1. _____
2. _____
3. _____
4. _____
5. _____
6. _____

obtener (verbo)

1. _____
2. _____
3. _____
4. _____
5. _____
6. _____

¡No te olvida de usar las palabras precisas tú mismo, cuando escribes!

Nombre: _____

Fecha: _____

Lecciones de lenguaje / Palabras y vocabulario—Nivel intermedio

Copyright ©2003 de Incentive Publications, Inc.
Nashville, TN.

Utilizando palabras precisas

¡Olé! ¡Es un desfile!

Tasha y Madge son miembros del comité con respecto al póster para el Desfile del día internacional patrocinado por su colegio. Lo que ellos tienen que hacer es preparar los pósters para exponerlos en el colegio.

Quieren crear pósters atractivos utilizando menos palabras posibles.

Esta es la información que recibieron del comité del programa.

El Desfile del día internacional se celebrará a las dos y media de la tarde en el césped delante de Baxendale Middle School, jueves el 21 de mayo. Todos los estudiantes participarán, vestidos según ellos elijan. Habrá banderas y estandartes que representan los países de origen de las familias de los estudiantes. Asimismo habrá música, canciones y bailes, junto con breves ensayos leídos por estudiantes de cada clase. Al acabarse el desfile, se servirá platos de comida de muchos países, y todo el mundo disfrutará juegos de ciertos países. Todos los estudiantes del colegio participarán. Familias, amigos y todos los miembros de la comunidad están invitados a participar en todas las festividades.

Después de leer este memorándum, condénsalo para el póster.

En el espacio más abajo, diseña el póster para que exprese el mensaje.

Selecciona tus palabras cuidadosamente para presentar toda la información de importancia con las menos palabras posibles.

Utilizando palabras precisas

Selección de palabras

Los escritores tienen muchas opciones cuando seleccionan sus palabras. La selección puede ser difícil ¡porque muchas palabras tienen prácticamente el mismo significado!

Para cada palabra más abajo, escribe todas las palabras posibles que tengan el mismo significado o un significado parecido. Si tienes un problema, ¡utiliza un tesauro!

1. Vacaciones

   _____

   _____

2. Concierto

   _____

   _____

3. Paseo

   _____

   _____

4. Elegante

   _____

   _____

5. Básico

   _____

   _____

6. Sombrero

   _____

   _____

7. Melancólico

   _____

   _____

8. Alabar

   _____

   _____

Nombre: _____ Fecha: _____ 27

Ampliando el vocabulario

¡Barco a la vista!

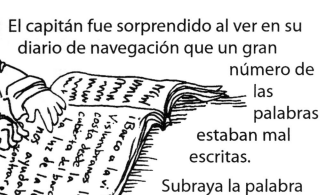

El capitán fue sorprendido al ver en su diario de navegación que un gran número de las palabras estaban mal escritas.

Subraya la palabra que está escrita mal en cada una de las frases que siguen. Luego, escribe correctamente cada palabra que está escrita mal para completar el rompecabezas.

1. El anillo que llevaba en la mano <u>deretche</u> era de oro puro.

2. La <u>laz</u> de la luna nos ayudaba a encontrar el camino en la oscuridad.

3. El cierre de la <u>buraje</u> había sido roto.

4. <u>Embarrcarremos</u> a las seis.

5. El barco está listo para <u>zurpor</u> mañana.

6. Anticipábamos un <u>vahe</u> buenísimo.

7. Favor de volver la <u>peigino</u> cuando hayas acabado el cuento.

8. Vislumbramos la <u>casto</u> desde la cubierta del barco.

9. La <u>estreilo</u> de la película aparecerá en persona en la función de esta noche.

10. El <u>diereo</u> de navegación contenía detalles interesantes sobre el viaje.

Nombre: _____   Fecha: _____

Reconociendo palabras mal escritas

Lecciones de lenguaje / Palabras y vocabulario—Nivel intermedio

¡Palabras al agua!

Durante una tormenta inesperada, todas las palabras en el Barco Buena Palabra fueron echadas al agua.

Ayuda a rescatarlas. Escribe cada palabra en su sitio correcto en las columnas más abajo. Tacha cada palabra al escribirla en la línea que la corresponda.

Palabra	Sustantivo	Verbo	Adjetivo
1. mar			
2. ola			
3. viento			
4. feo			
5. romper			
6. rápido			
7. nuevo			
8. canción			
9. agua			
10. tirar			
11. enorme			
12. pez			
13. feliz			
14. llevar			

nuevo   rápido   canción   mar   tirar   feo   llevar   viento   ola   agua   romper   enorme   pez   feliz

Lecciones de lenguaje / Palabras y vocabulario—Nivel intermedio
Copyright ©2003 de Incentive Publications, Inc.
Nashville, TN.

Reconociendo y utilizando
sustantivos, verbos y adjetivos

Examina tus conocimientos léxicos

Lee este párrafo cuidadosamente. Luego completa el examen de conocimientos léxicos.

1. El desierto árido se cocía al sol de mediodía fuerte y continuo. 2. Las plantas rodadoras y las hierbas del desierto parecían muertas para siempre. 3. Hasta los cactus parecían marchitados y secos. 4. La región entera emanaba un sentido miserable. 5. El viajero cansado no percibía ni una señal de vida. 6. Se preguntaba dónde se escondían todos los animales del desierto. 7. Asimismo se preguntaba cuánto tiempo podía seguir sin agua y sin sombra. 8. Súbitamente le pareció una malísima idea esta expedición en el desierto.

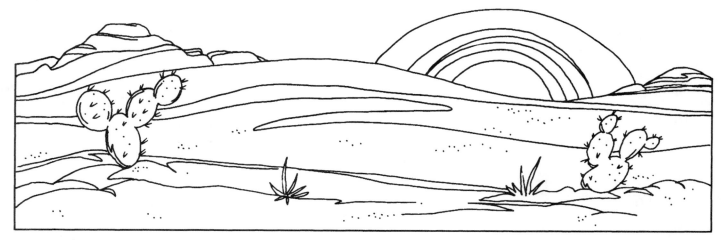

1. Haz un dibujo alrededor de la frase que tiene un sentido parecido a **"sin piedad"** en la oración no. 1.

   sin cesar   por siempre jamás
   por parte del tiempo

2. Haz un dibujo alrededor de la palabra que podría sustituir a la palabra **"muertas"** en la oración no. 2.

   marchitadas   estremecidas   heladas

3. Haz un dibujo alrededor de la palabra que significa el contrario de **"marchitados"** tal como se usa en la oración no. 3.

   explotados   expandidos   expresados

4. Haz un dibujo alrededor de la palabra que podría sustituir a la palabra **"miserable"** en la oración no. 4.

   distante   deprimido   desesperado

5. Haz un dibujo alrededor de la palabra que describe cómo el viajero se sentía.

   enfadado
   abatido
   eufórico

6. Haz un dibujo alrededor de la frase que significa el contrario de **"se preguntaba"** tal como se usa en la oración no. 7.

   sabía por cierto
   empezaba a cuestionar
   meditaba sobre

7. Haz un dibujo alrededor de la palabra que mejor podría sustituir a la palabra **"expedición"** tal como se usa en la oración no. 8.

   invitación
   recuperación
   viaje

Nombre: Fecha:

Reconociendo y utilizando sinónimos

Lecciones de lenguaje / Palabras y vocabulario—Nivel intermedio
Copyright ©2003 de Incentive Publications, Inc.
Nashville, TN.

Antónimos en abundancia

Lee la lista de palabras al pie del rollo. Busca y dibuja un círculo alrededor de esas palabras en el rompecabezas.

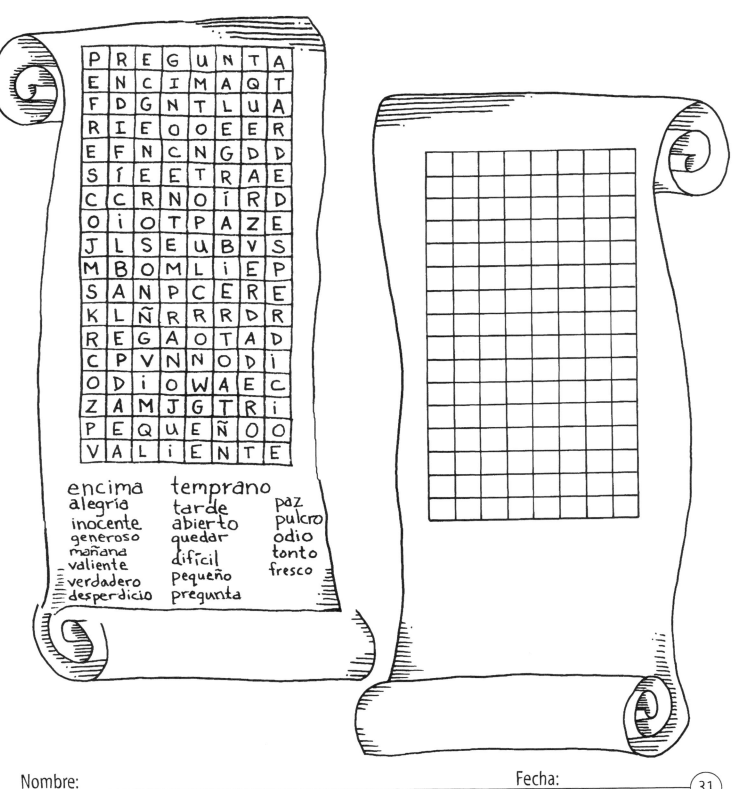

P	R	E	G	U	N	T	A
E	N	C	I	M	A	Q	T
F	D	G	N	T	L	U	A
R	I	E	O	O	E	E	R
E	F	N	C	N	G	D	D
S	Í	E	E	T	R	A	E
C	C	R	N	O	Í	R	D
O	i	O	T	P	A	Z	E
J	L	S	E	U	B	V	S
M	B	O	M	L	i	E	P
S	A	N	P	C	E	R	E
K	L	Ñ	R	R	R	D	R
R	E	G	A	O	T	A	D
C	P	V	N	N	O	D	i
O	D	i	O	W	A	E	C
Z	A	M	J	G	T	R	i
P	E	Q	U	E	Ñ	O	O
V	A	L	i	E	N	T	E

encima
alegría
inocente
generoso
mañana
valiente
verdadero
desperdicio

temprano
tarde
abierto
quedar
difícil
pequeño
pregunta

paz
pulcro
odio
tonto
fresco

Nombre:

Fecha:

Lecciones de lenguaje / Palabras y vocabulario—Nivel intermedio
Copyright ©2003 de Incentive Publications, Inc.
Nashville, TN.

Reconociendo y utilizando antónimos

Marca la palabra la más apropiada

Cuando uno está escribiendo, es importante que el escritor escoja la palabra la más apropiada para expresar lo que quiere decir.

Lee las frases más abajo y dibuja un círculo alrededor de la palabra más apropiada para completar la frase.

1. Podemos ver el mar (brillante, luminoso).

2. El rey comió el postre (sabroso, bueno).

3. El barón estaba de pie en un campo (fértil, verde).

4. La vela (suelta, grande) del barco movía en el viento.

5. Fue nuestra hora (más gloriosa, mejor).

6. ¿Es posible (medir, evaluar) el valor de un amigo?

7. Jennifer montaba su caballo (nervioso, brioso) por el camino.

8. En un avión, los viajeros respiran aire (reciclado, reutilizado).

9. Vamos a pesar al bebé (contento, angelical).

10. Debes tener cuidado de la abeja (enojada, desorientada).

11. El bache en la carretera fue la (peor, infelicísima) parte del viaje.

12. La princesa envió a su prima un regalo de la fruta (más dulce, mejor) del reino.

Nombre:

Fecha:

Seleccionando la palabra
la más apropiada

Lecciones de lenguaje / Palabras y vocabulario—Nivel intermedio
Copyright ©2003 de Incentive Publications, Inc.
Nashville, TN.

Un sendero de palabras compuestas

Sigue a Zorrillo el Bravo mientras va por el bosque.

Con tu lápiz, sombrea sólo los espacios que tienen palabras compuestas.

Cuando todas las palabras compuestas estén sombreadas, escribe las palabras que quedan en el orden en que aparecen en el sendero. Encontrarás un mensaje para Zorrillo el Bravo.

_____

_____

_____

_____

Lecciones de lenguaje / Palabras y vocabulario—Nivel intermedio
Copyright ©2003 de Incentive Publications, Inc.
Nashville, TN.

| _Reconociendo y utilizando palabras compuestas_ |

Juego de palabras memorizadas

¿Tienes una buena memoria?

¿Sabes muchas palabras? ¡El **Juego de palabras memorizadas** es un juego que te permite evaluar las dos cosas!

I. Junta los siguientes materiales:
   a. rotulador
   b. tarjetas de 5 x 7
   c. caja
   d. colega

II. Escribe cada palabra listada más abajo en una tarjeta.

Diablo	Paquidermo	Lavar	Comandante	Brutal
Adiós	Rebelde	Rápido	Falla	Soltero
Vulnerable	Escudo	Tráquea	Lamento	Promesa
Ingresos	Total	Tonto	Extinto	Curva
Líder	Cruel	Demonio	Elefante	Limpio
Error	Solo	Aloha	Levantamiento	Deprisa
Gemir	Voto	Indefenso	Armadura	Garganta
Anticuado	Torcer	Rentas públicas	Completo	Estúpido

III. Las reglas:

1. Pon las tarjetas boca abajo.

2. Con tu colega, túrnanse poniendo boca arriba un par de tarjetas.

3. Si las dos tarjetas resultan tener palabras del mismo significado o de un significado parecido, el jugador puede guardar las tarjetas.

4. ¡El jugador con las más parejas de tarjetas correctas gana el juego!

IV. Actividad adicional:

1. Una vez que hayas dominado la lista de palabras más arriba, forma nuevas parejas de palabras. Escribe una lista de palabras y luego busca el equivalente en inglés para cada palabra. ¡Este es un juego perfecto para evaluar tu conocimiento de inglés!

Nombre:

Fecha:

Ampliando el vocabulario

Lecciones de lenguaje / Palabras y vocabulario—Nivel intermedio

La máquina de matemáticas increíble

En tu libro de matemáticas, busca 30 términos o frases de matemáticas que frecuentemente se utilizan.

Busca el significado de las palabras que no conozcas.

Luego escribe las palabras en la Máquina de Matemáticas Increíble.

Si llenas la máquina con palabras de matemáticas clave, ¡te ayudará a "despegar" para llegar a un mejor conocimiento de matemáticas!

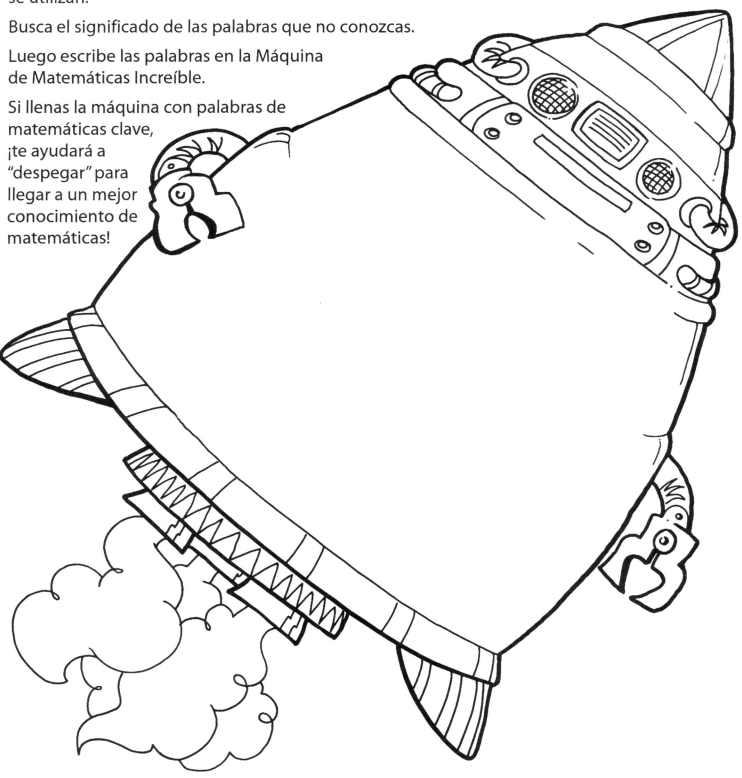

Nombre:

Fecha:

Lecciones de lenguaje / Palabras y vocabulario—Nivel intermedio
Copyright ©2003 de Incentive Publications, Inc.
Nashville, TN.

Reconociendo y utilizando
palabras de contenido

De la A a la Z ¿Dónde podrá estar?

Tomás es un amante de la vida al aire libre.

Está más interesado en los pájaros, los árboles, las piedras y las abejas que en las ecuaciones, exploraciones y cotizaciones.

Ayuda a Tomás a desarrollar un vocabulario que podrá usar en la biblioteca y en la Internet, para identificar y aprender más acerca de sus descubrimientos.

Descifra las palabras en la casilla de palabras y selecciona la palabra correcta para completar cada frase.

Casilla de palabras:

Geología	Entomología	Oceanografía	Silvicultura
Botánica	Zoología	Ecología	Vida salvaje

1. Para aprender acerca de las piedras y minerales, Tomás tendrá que utilizar referencias de la sección de _____ .

2. Para identificar flores, arbustos, y otras plantas, recurrirá a libros de _____ .

3. Los bichos, las avejas, las arañas, las hormigas y los insectos de todo tipo están identificados y definidos en la sección de _____ .

4. Para aprender acerca de los animales y sus habitáculos, Tomás tendrá que referirse a la _____ .

5. Para aprender acerca del océano y su enormidad, tendrá que estudiar la _____ .

6. Para proteger y conservar los recursos naturales para las generaciones futuras, Tomás y sus amigos están estudiando _____ .

7. Para informarse acerca de cuáles árboles se encuentran en peligro de extinción, y qué puede hacerse para salvarlos, podrá recurrir a la _____ y sus referencias.

8. La agencia de pesca y _____ ofrece información actualizada de valor para los interesados en preservar la vida salvaje originaria de los campos, bosques y arroyos de nuestro país.

¿Cómo es tu conocimiento de las palabras?

Lee este cuento cuidadosamente.
Luego responde a las preguntas a continuación.

1. Un día, en el medio de nuestro viaje, acordamos dar una vuelta por sitios interesantes. 2. Nos dividimos en tres grupos y decidimos encontrarnos en el auto a las 5:00 p.m. 3. A las 3:00 p.m. ya me había olvidado del lugar donde habíamos dejado el auto. 4. El no saber la ubicación del auto me inquietó. 5. Mi corazón empezó a latir y supe que tenía miedo. 6. 'Veamos si podemos encontrar el auto,' le sugerí a mi hermano mayor. 7. Caminamos hasta que nos topamos con algunas vistas familiares. 8. 'Talvez está a la vuelta de la esquina,' dijo mi hermano. 9. 'Siempre supe dónde estaba,' dije. 10. Imagina nuestra sorpresa cuando volteamos la esquina y el auto no estaba ahí. 11. Mi hermano me miró asombrado. 12. '¿Desapareció el auto, o es que estamos perdidos?' pregunté.

1. Dibuja un círculo alrededor de la palabra que más se adapte a ser usada en lugar de "acordamos", en la frase 1.
   decidimos   discutimos   pensamos

2. Dibuja un círculo alrededor de la palabra que signifique casi lo mismo que "dividimos" en la frase 2.
   separamos   juntamos   permanecimos

3. Dibuja un círculo alrededor de la palabra contraria a la palabra "olvidado" utilizada en la frase 3.
   adivinado   patinado   recordado

4. Dibuja un círculo alrededor de la palabra que expresa preocupación.

5. Dibuja un círculo alrededor de la frase que mejor explique lo que 'familiar' significa en la frase 7.
   • *Los habíamos visto antes.*
   • *Nunca los habíamos visto.*
   • *No sabíamos si los habíamos visto.*

6. Dibuja un círculo alrededor de la palabra que no podría ser usada para sustituir a 'talvez', en la frase 8.
   posiblemente
   quizás
   definitivamente

7. Dibuja un círculo alrededor de la palabra que podría sustituirse por 'sorpresa' en la frase 10.
   deleite   susto   alegría

8. Dibuja un círculo alrededor de la palabra que podría ser mejor usada para sustituir 'asombrado' en la frase 11.
   feliz   seducido   inquisitivo

9. Dibuja un círculo alrededor de la palabra que explica el sentir del narrador al final del cuento.
   feliz   confundido   hambriento

10. Reescribe la frase 9 para reflejar fielmente el sentir del narrador del cuento.

_____

_____

Nombre: _____   Fecha: _____

Interpretando y transmitiendo el significado de una variedad de palabras

Un día de letras rojas

Los escritores cuidadosos evitan usar expresiones gastadas por el demasiado uso (como, por ejemplo, el título de esta página).

Subraya 10 expresiones gastadas por haber sido usadas más de la cuenta, en el cuento a continuación. Luego, reescribe el cuento y sustituye las frases subrayadas con expresiones más originales.

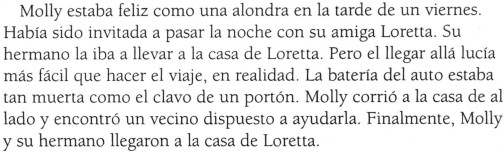

Molly estaba feliz como una alondra en la tarde de un viernes. Había sido invitada a pasar la noche con su amiga Loretta. Su hermano la iba a llevar a la casa de Loretta. Pero el llegar allá lucía más fácil que hacer el viaje, en realidad. La batería del auto estaba tan muerta como el clavo de un portón. Molly corrió a la casa de al lado y encontró un vecino dispuesto a ayudarla. Finalmente, Molly y su hermano llegaron a la casa de Loretta.

'¡Mejor tarde que nunca!' Loretta exclamó. La cara de Molly se encendió como un árbol de Navidad. ¡Ahí estaban todos sus amigos con regalos de cumpleaños para ella! Para abreviar el cuento, Molly se divirtió de lo lindo en su primera fiesta de cumpleaños de sorpresa, donde llegó justo a tiempo.

_____

_____

_____

_____

_____

_____

_____

_____

_____

_____

_____

Formando asociaciones de palabras

Lecciones de lenguaje / Palabras y vocabulario—Nivel intermedio
Copyright ©2003 de Incentive Publications, Inc.
Nashville, TN.

Cosas buenas para llevar

Nombra las golosinas y otras cosas buenas en el canasto.

El menú del señor Enanito
¡Cestas de merienda ya preparadas!

L
C
D
P
F
T
J

Escribe las palabras de los alimentos en las formas correspondientes.

Palabras a usar:

uvas   manzana   banana   huevo   tomate

jamón   leche   calabaza   kuncuat   cebolla

Crea un menú para la canasta escribiendo los nombres de los alimentos que componen la merienda campestre, que empiecen con las letras indicadas en el menú.

Nombre:

Fecha:

39

Lecciones de lenguaje / Palabras y vocabulario—Nivel intermedio
Copyright ©2003 de Incentive Publications, Inc.
Nashville, TN.

Alineamiento en el hospital

Diez empleados del Hospital Cúrese Rápido se han alineado para posar para esta fotografía. Sus sonrisas satisfechas reflejan el orgullo que la gente siente cuando hace bien su trabajo.

¿Has pensado alguna vez en la cantidad de gente que se necesita para que un hospital funcione bien?

Indica el tipo de trabajo que crees que realiza cada persona en esta fotografía.

1. _____

2. _____

3. _____

4. _____

5. _____

6. _____

7. _____

8. _____

9. _____

10. _____

Dibuja un círculo alrededor de uno de los trabajos que indicaste. Escribe un párrafo indicándonos lo que crees que pasaría si este trabajo no se realizara durante toda una semana.

_____

_____

_____

Nombre: _____   Fecha: _____

Formando asociaciones de palabras

Lecciones de lenguaje / Palabras y vocabulario—Nivel intermedio
Copyright ©2003 de Incentive Publications, Inc.
Nashville, TN.

Paskaghetti Petrone Pizzazz

El sueño de toda una vida de Paskaghetti finalmente se ha hecho realidad. Ha sido nombrado anfitrión de un programa de televisión en el que se presentan cocineros famosos y sus grandes creaciones.

El único problema de Paskaghetti es que tiene dificultades en utilizar un lenguaje capaz de transmitir información exacta a sus espectadores. Sus intentos de entretener a sus espectadores con un lenguaje pintoresco a menudo resultan en confusión y hasta aburrimiento. Para empezar su verdadero nombre es Peter Parker, no Paskaghetti Petrone, pero él cree que "Paskaghetti" tiene más impacto que "Peter." La semana pasada dijo a su audiencia que le ofrecería una *delicia ecuestre*, cuando en realidad debió haber dicho *delicia epicúrea*.

Ayuda a Paskaghetti a prepararse para el espectáculo de la próxima semana, seleccionando, de la casilla de palabras, la palabra correcta para completar cada frase.

Casilla de palabras:

soufflé glaseado gastrónomo	entrada chamuscado marinado	asistente del jefe de cocina	cristalizado caramelizado adornado	entremeses conocedor culinario

1. El postre principal será un _____ de chocolate con salsa de frambuesa.
2. La especialidad del jefe de cocina es la trucha chamuscada con zanahorias _____ y cebollas _____ .
3. El restaurante sirve una comida de cinco platos que de seguro complacerá a los verdaderos _____.
4. El perejil y la menta a menudo son usados para _____ los artículos del menú.
5. El plato principal es indicado como la _____.
6. Cuando la comida es cocinada ligeramente a la sartén, se la conoce como _____.
7. _____ son platillos ligeros conocidos también como 'tapas' u 'hors d'oeuvre', servidos antes de las comidas o como plato inicial de una comida.
8. A los comensales bien informados y exigentes en cuanto a comidas se les conoce como _____.
9. El sueño de cada jefe de cocina es contar con un grupo altamente competente de _____ que le ayude en la preparación de comidas perfectas.
10. Las carnes a menudo son _____, a veces durante toda una noche, en una mezcla de aceites y especies, para agregarles sabor.
11. A los que se preparan para carreras en la rama de la preparación de comidas se les aconseja asistir a una escuela especializada en artes _____.
12. Como toque final, frutas y especies como el jengibre, a menudo son glaseadas con almíbar de azúcar, y servidas como adornos _____ de los postres.

Nombre: _____ Fecha: _____ (41)

Repasando las noticias

Utilice información de una copia del diario local para completar estas frases.

1. El titular de primera página que más me interesa es _____
   _____.

2. El nombre de la tira cómica que más me gusta es _____.

3. Un artículo de la página editorial que encuentro interesante es acerca de _____
   _____.

4. Mi horóscopo para el día indica que deberé esperarme _____.

5. El pronóstico del tiempo para mañana me hace pensar que debería vestirme con
   _____.

6. Un producto anunciado en el diario que me gustaría poseer es _____.

7. El producto es anunciado por esta compañía: _____
   y se vende a este precio:_____.

8. La sección de este diario que más me interesa es _____
   debido a _____.

Diez palabras encontradas en el diario que me gustaría incorporar a mi vocabulario son:

1._____

2._____

3._____

4._____

5._____

6._____

7._____

8._____

9._____

10._____

Nombre: _____   Fecha: _____

*Demostrando habilidades
en la ampliación del vocabulario*

Lecciones de lenguaje / Palabras y vocabulario—Nivel intermedio
Copyright ©2003 de Incentive Publications, Inc.
Nashville, TN.

Palabras en la línea

1. Escribe 5 palabras en cada línea más abajo.
2. La primera letra de cada palabra debe ser la misma que la última letra de la palabra que precede.
3. Trata de usar palabras compuestas de muchas letras.
4. Date un punto para cada letra que se utiliza correctamente.
5. Anota tu resultado en el marcador.

Ejemplo:

naranja   aspiración   nítido   osteoporosis   sabiduría

batallón _____ _____

vitaminas _____ _____

petunia _____ _____

trébol _____ _____

fanfarria _____ _____

internacional _____ _____

espantapájaros _____ _____

prehistórico _____ _____

soñador _____ _____

témpano _____ _____

heterogéneo _____ _____

aristócrata _____ _____

autoridad _____ _____

El marcador: [   ]

Nombre: _____

Fecha: _____

43

Demostrando habilidades
en la ampliación del vocabulario

Sólo coleccionistas

Los buenos escritores suelen ser buenos 'coleccionistas de palabras,' siempre buscando vocablos interesantes e insólitos, que agregarán a los vocabularios que usan para hablar, leer y escribir.

Mientras escribes esta semana, conviértete en un 'coleccionista de palabras' y llena los anaqueles siguientes con tus 'trofeos.'

Palabras para aprender y usar en la conversación

Palabras cuya ortografía hay que aprender, para poder escribir

Palabras cuyas definiciones hay que aprender, para poder leer

Nombre:

Fecha:

*Demostrando habilidades
en la ampliación del vocabulario*

Lecciones de lenguaje / Palabras y vocabulario—Nivel intermedio
Copyright ©2003 de Incentive Publications, Inc.
Nashville, TN.

¡Artífice de la palabra!

Mira cada palabra en los grupos de palabras que siguen.

Forma 4 nuevas palabras de cada palabra, cambiando una letra a la vez.

El primer ejemplo está ya hecho para ti.

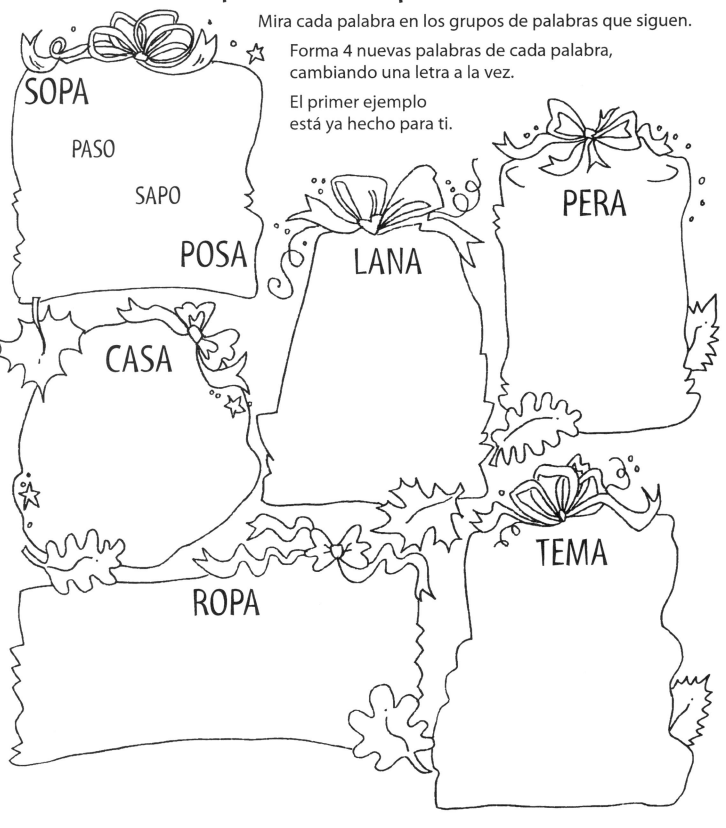

SOPA

PASO

SAPO

POSA

LANA

PERA

CASA

ROPA

TEMA

Nombre: Fecha:

Lecciones de lenguaje / Palabras y vocabulario—Nivel intermedio
Copyright ©2003 de Incentive Publications, Inc.
Nashville, TN.

Demostrando habilidades
en la ampliación del vocabulario

Ilustraciones y proverbios

Dibuja una línea desde cada proverbio a la imagen que mejor lo ilustre.

Escribe una segunda frase debajo de cada proverbio, indicándonos su significado, según tu opinión.

No llores sobre la leche derramada.

_____

_____

Deja que los perros durmientes se acuesten.

_____

_____

Dos cabezas son mejores que una.

_____

_____

El dinero no crece en los árboles.

_____

_____

No cuentes los pollos antes de que salgan del cascarón.

_____

_____

Los pájaros de una misma familia vuelan juntos.

_____

_____

Nombre: Fecha:

Demostrando habilidades en la ampliación del vocabulario

Lecciones de lenguaje / Palabras y vocabulario—Nivel intermedio
Copyright ©2003 de Incentive Publications, Inc.
Nashville, TN.

Comprensión de las palabras y destrezas de sensibilidad

Dale vueltas a un cuento

Examina la ilustración anterior y escribe un cuento que diga lo que, según tu opinión, está sucediendo. Usa en tu cuento tantas palabras interesantes como puedas. Utiliza el reverso de esta hoja para completar tu cuento.

_____
_____
_____
_____
_____
_____
_____
_____
_____
_____
_____
_____
_____
_____

Demostrando sensibilidad a las palabras

Lecciones de lenguaje / Palabras y vocabulario—Nivel intermedio
Copyright ©2003 de Incentive Publications, Inc.
Nashville, TN.

Buenos consejos

Cuando Danny Dobetter se fue al campamento de verano, su padre utilizó el siguiente código para escribirle tarjetas postales.

Descifra los mensajes.

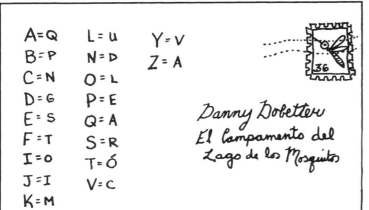

A=Q	L=u	Y=V
B=P	N=D	Z=A
C=N	O=L	
D=G	P=E	
E=S	Q=A	
F=T	S=R	
I=O	T=Ó	
J=I	V=C	
K=M		

Danny Dobetter
El Campamento del
Lago de los Mosquitos

Z ALJPC VLJNZ OZ BPEPFZ CLCVZ OP QZOFZ LC NLSI.

¡Qué pases una magnífica semana!
♡Papá

_____
_____
_____

CI PE ISI FINI OI ALP SPOLVP.

Cariños, Papá

_____
_____
_____
_____

KJSZ NTCNP FS KPFPE.

¡No te olvides de escribirme!
♡Papá

_____
_____
_____
_____

YJEFPKP NPEBZVJI, ALP FPCDI BSJEZ.

¡Qué lo pases bien!
♡Papá

_____
_____
_____
_____

Demostrando sensibilidad a las palabras

Querido Papá

Danny Dobetter es un hijo perezoso (pero leal). Respondió a cada una de las tarjetas postales de su padre, con este código.

A = F	D = Z	H = L	L = Q	Ñ = LL	R = E	V = S
B = G	E = I	I = V	LL = CH	O = Y	S = K	W = X
C = M	F = A	J = O	M = B	P = H	T = J	X = U
CH = Ñ	G = N	K = T	N = D	Q = C	U = P	Y = R
						Z = W

Usando otra hoja, descifra las respuestas a las cartas del Sr. Dobetter. Copia tus mensajes cifrados en las tarjetas más abajo y escribe los mensajes descifrados debajo de cada uno.

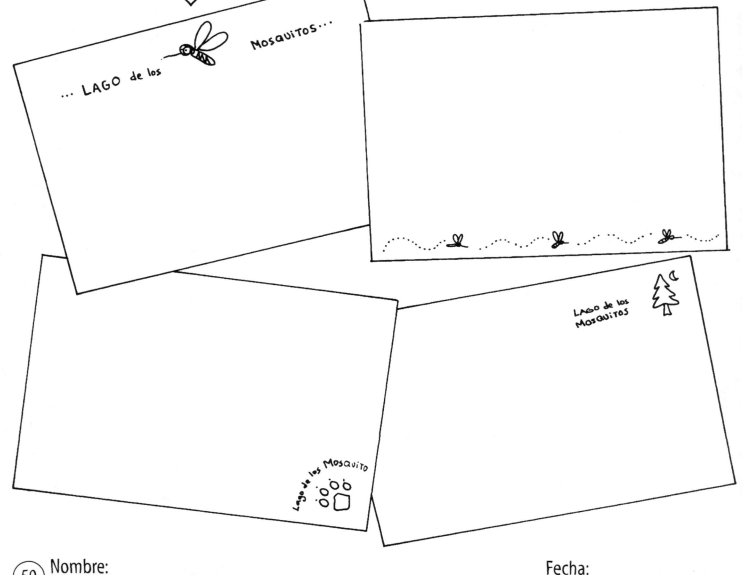

Demostrando sensibilidad a las palabras

Lecciones de lenguaje / Palabras y vocabulario—Nivel intermedio

En el escenario

Estudia la escena del escenario a continuación.

Selecciona de cada lista de palabras 3 palabras que en tu opinión te ayudarán a crear mejor un personaje interesante.

Escribe poesías describiendo los personajes creados por ti.

I	II	III	IV	V
tonto	altanero	tramposo	bueno	chillón
sabio	osado	burbujeante	atractivo	malo
gentil	austero	feo, vulgar	humilde	peludo
viejo	feliz	simpático	orgulloso	amenazante
joven	receptivo	gruñon	atento	caprichoso

Nombre: _____ Fecha: _____ 51

Formando impresiones sensoriales

Dí las cosas como son

Después de tres meses en el barco, el encargado del diario de navegación empezó a abandonar el lenguaje más figurativo en favor de palabras y frases más sencillas.

Para ayudar a otros a entender sus pensamientos, indica el significado real de cada frase a continuación.

1. El cielo nocturno estaba tan oscuro como un calabozo.

    _____

2. El joven marinero perdió su cabeza.

    _____

3. El navegante mordió más de lo que podía morder.

    _____

4. No me llevo bien con el capitán.

    _____

5. Estoy todo trastornado

    _____

6. Tenía tanto miedo que temblaba dentro de sus botas.

    _____

7. Lo lamento, pero esto es el colmo.

    _____

    _____

8. La nave está tan limpia como un alfiler.

    _____

    _____

9. Mi compañero de camarote casi me arranca la cabeza.

    _____

    _____

10. Mantuve mi mirada en la Estrella Polar.

    _____

    _____

Interpretando expresiones figurativas e idiomáticas

Frases sensacionales

Combina una palabra o frase de cada una de las tres columnas para componer 12 frases.

Dichas palabras y frases podrán usarse más de una vez, siempre y cuando no se usen dos veces en la misma frase.

¡A las ocho y media un perro se puso a ladrar triunfalmente!

I

el año pasado
había una vez
brillaba con el sol
casi todo el tiempo
antes del amanecer
a las ocho y media
en el lado bueno
ayer
en una tierra lejana
mientras el silbato pitaba
de vez en cuando
después de cena
en la distancia
día a día
la semana pasada
después de la tormenta

II

el piloto salió
los valientes soldados marcharon
el jefe llegó
el unicornio es
mi maestro sonrió
los ganadores son
un perro aulló
mi hermana miró
los leones rugen
los pacientes reportaron
los actores actúan
un bebé aplaudió
la abuela se meció
los fanáticos aplaudían
los cansados obreros terminaron
el estudiante se rió

III

cuidadosamente
extáticamente
arrogantemente
gregariamente
triunfantemente
una impresión de pérdida
clásicamente elegante
culpable
ferozmente orgulloso
desesperadamente solo
animado y alerta
contento
gozosamente
fatigosamente
con abatimiento
satisfecho

Frases

1. _____
2. _____
3. _____
4. _____
5. _____
6. _____
7. _____
8. _____
9. _____
10. _____
11. _____
12. _____

Nombre: _____ Fecha: _____ 53

Una palabra acerca de los estados de ánimo

Subraya la palabra, en la línea debajo de cada frase, que mejor describa el estado de ánimo de la frase.

1. La Reina Silvia sonrió gozosamente mientras miraba a su alrededor en su salón del trono recientemente decorado.

   contento   *eufórico*   *intranquilo*

2. Los caballos relinchaban y pateaban mientras se movían de lado a lado en el establo húmedo y sofocante.

   ordenadamente   *tranquilo*   *anticipatorio*

3. Mientras oía el chirrido y los gruñidos siempre más ruidosamente, Hans rechinó sus dientes, agarró el bastón que llevaba y se obligó a moverse hacia adelante, cuidadosamente.

   temeroso   *pacífico*   *asustadizo*

4. El Sapo Saltarín saltó por los aires, dió unas cuantas piruetas y continuó saltando caprichosamente por el pasto.

   perezoso   *juguetón*   *siniestro*

5. María trató desesperadamente de aguantar sus lágrimas mientras forzaba una sonrisa de media gana a sus labios temblorosos.

   gruñon   *alegre*   *triste*

6. Al llegar a la meta y percatarse de que había llegado en quinto lugar, no en el primero o el segundo, como había esperado, Jeremiah saludó al ganador de la carrera y luego cayó cansado al suelo.

   desalentado   *vigorizado*   *entusiasmado*

7. El Sr. Parker aplaudió y dijo, "He explicado este mismo problema tres veces y todos menos dos miembros de esta clase devolvieron sus papeles con respuestas equivocadas. ¿Cuál es el problema?"

   satisfecho   *exasperado*   *estimulado*

Nombre: _____

Fecha: _____

Interpretando y transmitiendo sensaciones y estados de ánimo sugeridos por palabras

Personajes pintorescos

Subraya las palabras y frases descriptivas del carácter del personaje.

1. la Reina malvada miró sigilosamente a su alrededor mientras esperaba sentada a su inocente visitante.

2. Bonjo, el payaso feliz, siempre trataba de hacer reir a la gente.

3. El nuevo paje del castillo entró de puntillas al salón del trono y mansamente encontró su lugar.

4. La Princesa Angelina siempre se reía y llamaba con alegría a la gente en la calle, mientras se paseaba en la carroza real.

5. A pesar de que Ingle era sólo un pequeño duende, se pasaba el tiempo planeando maldades y bromas pesadas a costa de los demás.

6. El altanero Rey gobernaba con puño de hierro y parecía indiferente a las necesidades de su pueblo.

7. A pesar de su pobreza, la criada de la Reina permanecía jubilosa y simpática y seguía saludando a todos con una sonrisa.

8. Gus, el rudo viejo jardinero, prohibió a los niños entrar al jardín real, y guardaba ferozmente la entrada.

Nombre: _____ Fecha: _____

Lecciones de lenguaje / Palabras y vocabulario—Nivel intermedio
Copyright ©2003 de Incentive Publications, Inc.
Nashville, TN.

Interpretando y transmitiendo sensaciones y estados de ánimo sugeridos por las palabras

Conexiones con los personajes

Mira cuidadosamente a los dibujos de personas, a continuación. Piensa acerca de cómo podría ser cada una de estas personas. Luego piensa acerca de qué fue lo que provocó tu respuesta.

Dale un nombre a cada persona.

Debajo de cada nombre, escribe 3 características descriptivas de la persona. Escribe una frase que indique lo que crees que esta persona haría si la casa se estuviera quemando y las seis personas estuvieran esperando ser rescatadas.

Nombre: Fecha:

Interpretando y transmitiendo sensaciones y estados de ánimo sugeridos por palabras

Lecciones de lenguaje / Palabras y vocabulario—Nivel intermedio
Copyright ©2003 de Incentive Publications, Inc.
Nashville, TN.

Werner y Víctor

Una **paradoja** es una combinación de palabras que parecen contradecirse, como, por ejemplo: *riendo tristemente*.
Encuentra y subraya las 8 paradojas en este cuento.

Un día, Werner, el tonto sabio, y Víctor, el cobarde valiente, decidieron visitar la ciudad de Niccoo. Mientras proseguían por su camino a través de un oscuro bosque, Víctor le pidió a Werner tomar la delantera para él guardar la retaguardia. Werner pensó que Víctor debería ir adelante, debido a que su brillante espada espantaría a las fieras y ladrones del bosque. Sin embargo, con una triste sonrisa, Víctor dijo, "¡Sí, pero los peligros presentes son menores que los imaginados!" Werner vió mucha sabiduría en todo esto, y prosiguió adelante.

Caminaron rápidamente al cruzar el bosque. De repente, Werner se detuvo. Habían llegado al río, ¡pero el puente había sido arrasado! Siendo el feliz pesimista, Víctor se sentó y empezó a lamentarse, "¡Nunca cruzaremos este río! ¡Permaneceremos aquí para siempre! ¡Es el principio del fin!"

"No, no," dijo Werner. "he aquí la solución, escondida a plena vista. Sólo tendremos que empujar este árbol sobre el río y formará un puente que podremos atravesar." Empezó entonces a empujar con todas sus fuerzas.

Víctor saltó y lo echó a un lado. "¡Cortaré el árbol con mi espada!" dijo, y empezó a cortar con su brillante espada.

Entonces, un pequeño gigante surgió de una nubecilla de humo negro. Con una voz parecida a la de un callado trueno, retumbó, "¿Quién eres, y por qué cortas mi árbol?"

Las temblorosas rodillas de Víctor cedieron y éste cayó al suelo. Werner rápidamente explicó su problema y rogó ayuda al gigante. Sin embargo, los dos temblorosos viajeros lucían tan cómicos que el gigante se puso a reir y a reir, hasta que lágrimas llenaron sus ojos. Por equivocación, tropezó con el árbol que Víctor había estado cortando, el cual cayó al río. Werner agarró a Víctor y lo arrastró hasta el árbol-puente, y ambos corrieron hasta que el gigante risueño quedó atrás, y pudieron salir del bosque. Pronto, pudieron ver la ciudad de Niccoo, al final del camino. ¡Finalmente estaban seguros!

Nombre: _____   Fecha: _____   57

Reconociendo la relación
entre palabras

Un ogro malvado

El Ogro de la Selva Muerta robó las palabras que completan estas frases, y las encerró en su calabozo. Libéralas descubriendo cuáles palabras completan cada espacio en blanco y escríbelas en los espacios correspondientes.

araña
espada   duendes
maleficio   duende
prisionero
peligro   fealdad
néctar
polvo de estrellas

1. La **tela** es para la _____ lo que la **guarida** es para el **dragón**.

2. La **maldad** es para un **duende** lo que el _____ es para un **gnomo**.

3. La **ninfa** es para la **belleza** lo que un **duende** es para la _____ .

4. La **lengua de un sapo** es para la **poción de una bruja** lo que el **aceite de alumbrar** es para el _____ de un hada.

5. La **fabricación de juguetes** es para los **enanitos** lo que el **armar líos** es para los _____ .

6. Una **manzana envenenada** es para un _____ lo que el **beso de un príncipe** es para un **buen encantamiento**.

7. Una **olla de oro** es para un _____ lo que una **horda de oro** es para un **dragón**.

8. El _____ es para las **hadas** lo que el **humo negro** es para los **hechiceros**.

9. El **fuego** es para un **dragón** lo que la _____ es para un **caballero**.

10. Un **calabozo** es para un _____ lo que un **castillo** es para un **rey**.

Nombre: _____   Fecha: _____

Caja de herramientas

Un trabajador sin las herramientas adecuadas está seriamente impedido.

Dibuja una línea desde cada trabajador indicado a continuación a la imagen de la herramienta más apropiada.

Después de haber dibujado la línea, encuentra y dibuja un círculo alrededor de la palabra correspondiente en la caja de herramientas.

Pronuncia cada palabra mientras dibujas un círculo alrededor de ella, a fin de agregarla a tu vocabulario personal.

Trabajadores:

1. médico
2. novelista
3. jardinero
4. enfermera
5. fotógrafo
6. contador
7. policía
8. profesor de educación física
9. carpintero
10. barbero
11. arquitecto
12. jefe de cocina
13. artista
14. plomero
15. maestro
16. mozo / camarera

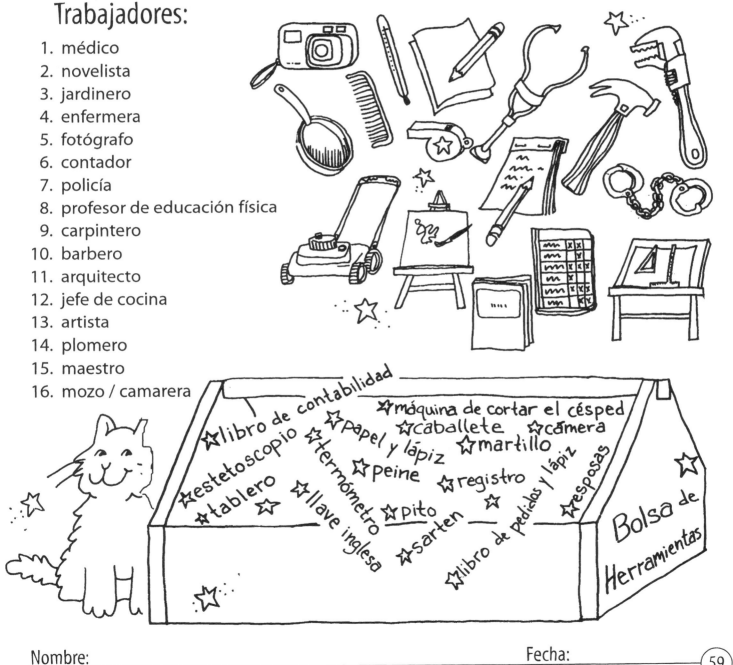

Nombre: _____   Fecha: _____

Reconociendo la relación entre palabras

Una escena imaginativa

Imagínate que tú y tu mejor amigo acaban de caer a un gran hoyo, y se encuentran en un entorno inesperado. Caen hacia abajo, abajo, abajo, hasta caer de pie.

Miran a su alrededor y ven un trono reluciente, adornado con joyas más allá de toda imaginación. Una corona reposa sobre un cojín de satén, al lado de una túnica real con un hermoso cuello de piel y una larga cola.

En medio de esta escena de esplendor, hay una mesa de banquete increíble. Copas de plata, platos hermosamente decorados, y decoraciones reales de mesa componen el escenario de un magnífico banquete. La mesa está rodeada por candelabros bruñidos que sostienen altas velas listas para ser encendidas.

Desafortunadamente, no tienes tu cámara.

Dibuja el cuadro, tal y como te lo imaginas, tal y como aparecería en una fotografía. Para ayudarte a captar la escena, subraya todas las palabras descriptivas antes de empezar tu dibujo.

Nombre: Fecha:

Reconociendo y utilizando palabras descriptivas

Lecciones de lenguaje / Palabras y vocabulario—Nivel intermedio

La cara hace la diferencia

Usa tu lápiz para dar a esta pobre criatura sin rostro, una cara, ojos y una nariz. Talvez será una cara sonriente y feliz, o una cara de aspecto amenazador e iracundo, una cara triste, o hasta una cara desenfadada y traviesa.

La decisión será tuya.

Escribe 10 palabras o frases para describir la "criatura".

1. _____
2. _____
3. _____
4. _____
5. _____

6. _____
7. _____
8. _____
9. _____
10. _____

Utiliza esas palabras y frases para escribir un cuento acerca de la criatura que acabas de crear. Utiliza el reverso de esta hoja para completar tu cuento.

_____

_____

_____

Nombre: _____ Fecha: _____

Lecciones de lenguaje / Palabras y vocabulario—Nivel intermedio
Copyright ©2003 de Incentive Publications, Inc.
Nashville, TN.

Reconociendo y utilizando palabras descriptivas

Niños nacidos en cada día de la semana

Selecciona una palabra de la siguiente lista que "corresponda" a cada niño tal como se describe más abajo.

Luego utiliza tu diccionario o tesauro para buscar una palabra más que pueda usarse para describir cada niño. Escribe ambas palabras descriptivas en las líneas que se ven al lado de la cara de cada niño. Entonces, dibuja los rasgos para mostrar la personalidad de cada niño tal rasgas como tú la imaginas.

El niño nacido el lunes tiene la cara bonita;

El niño nacido el martes es un niño lleno de gracia;

El niño nacido el miércoles es un niño lleno de tristeza;

El niño nacido el jueves irá muy lejos en la vida;

El niño nacido el viernes trabaja duro para ganarse la vida.

Lista de palabras:

trabajador

alegre

bonito

triste

gracioso

aventurero

generoso

Nombre:

Fecha:

Reconociendo y utilizando palabras descriptivas

Locura de medianoche

Haz que este cuento sea más excitante sustituyendo una palabra de la lista a continuación por cada palabra subrayada. Usa cada palabra sustitutiva sólo una vez.

Era una noche oscura (_____), tempestuosa (_____) en Metrópolis. Las luces de la ciudad brillaban (_____) malvadamente (_____) en las calles mojadas (_____), y los únicos ruidos (_____) que se oían eran los ululantes (_____) de las sirenas de la policía y los aullidos (_____) de las ambulancias.

Un raquítico (_____) autobús dobló trabajosamente (_____) una esquina y se paró en frente de un edificio destartalado (_____). El letrero al neón sobre la puerta parpadeaba (_____) *"El H tel de la Ci dad"* apagándose y encendiéndose en la noche (_____). Un grupo de basureros llenos (_____) estaban alineados (_____) en la acera del hotel; sus tapas cayeron al suelo (_____) con gran estrépito (_____), cuando gatos y perros errantes (_____) andaban furtivamente (_____) en medio de la basura (_____).

Mientras se sentaba en el autobús, Joyce miraba cansadamente (_____) por la ventana la triste (_____) escena, con corazón deprimido (_____). "No quiero quedarme aquí," pensó. "Este hotel es viejo y destartalado (_____), y apuesto a que está sucio (_____) por dentro. No importa que todo nuestro grupo (_____) esté en un solo lugar (_____). Este sitio (_____) me luce inseguro (_____). Me pregunto (_____) si nuestra guía ha estado aquí antes (_____). ¡Seguramente no! Este lugar es sencillamente horrible (_____)!"

Palabras a usar:

oscuridad	un ruido espantoso	tapas	alaridos	merodeaban
los desechos	previamente	asqueroso	relucían	lamentándose
pregunto	vil	unida	Cuestiono	desbordados
cubierto	fatigosamente	malignamente	peligroso	crujiente
lúgubre	concreto	extraviados	deprimente	sonidos
compañía teatral	tormentosa	vecindario	pesadamente	relampagueaban
abatido	juntos	bañadas por la lluvia	desbordados	todo nuestra tropa

Nombre: _____   Fecha: _____

Lecciones de lenguaje / Palabras y vocabulario—Nivel intermedio
Copyright ©2003 de Incentive Publications, Inc.
Nashville, TN.

Utilizando palabras y frases más pintorescas

Magia del menú

Sr. Mack abrirá pronto su nuevo café.

Piensa servir comida buena y sencilla,
pero quiere un menú elegante.

Examina la lista para encontrar una palabra
más pintoresca que sustituya cada palabra subrayada.

Escribe la nueva palabra en la línea para hacer que el menú
del Sr. Mack resulte más atractivo. En el reverso de esta hoja,
indica 7 artículos adicionales con palabras pintorescas
descriptivas para el menú del Sr. Mack.

Lista de palabras:

jugoso	delicioso	batido	excelente	escamoso
sabroso	elegante	maravilloso	caliente	gastrónomo

El café Fino . . . . de Mack

calientes . . . . . . molletes   fabuloso . . . . pastel

frescas . . . . . habichuelas   cocido . . . . jamón

puré . . . . papas   bien . . . . rosbif

*Utilizando palabras y frases
más pintorescas*

Lecciones de lenguaje / Palabras y vocabulario—Nivel intermedio
Copyright ©2003 de Incentive Publications, Inc.
Nashville, TN.

Promoción para los productos

El Sr. Felipe N. Orden está preparando su nuevo catálogo de ventas por correo. Espera que este catálogo le traiga más órdenes que el último.

Él sabe que las ilustraciones y descripciones de su catálogo son aburridas, pero no sabe exactamente qué hacer. He aquí una página de su catálogo.

¿Puedes ayudar?

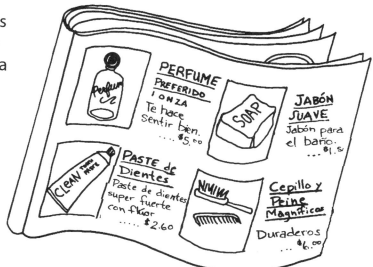

Estudia la página del catálogo, y trata de crear descripciones y envases más excitantes para los artículos a continuación.

Recuerda, la meta del Sr. Felipe N. Orden es vender el producto.

Nombre:

Fecha:

Lecciones de lenguaje / Palabras y vocabulario—Nivel intermedio
Copyright ©2003 de Incentive Publications, Inc.
Nashville, TN.

Utilizando palabras y frases descriptivas

Una visita desde el espacio sideral

- Utiliza tu lápiz para agregar detalles y dar forma a una nave espacial única.
- Llena la nave espacial con tantas palabras excitantes como puedas, para describirla.
- Luego, usa tu imaginación para completar la hoja de información.

Nombre de la nave espacial:

_____

Descripción: _____

_____

_____

_____

_____

Planeta de origen de tu nave espacial: _____

Descripción del planeta: _____

_____

_____

Punto de aterrizaje de la nave espacial: _____

Nombre: _____   Fecha: _____

Utilizando palabras descriptivas

Explícalo

Dibuja un animal raro o un animal en un entorno insólito.

Colorea la ilustración.

Escribe 10 palabras descriptivas del animal.

Usa las palabras en un párrafo para explicar exactamente cómo luce el animal.

Lista de palabras:

1. _____
2. _____
3. _____
4. _____
5. _____
6. _____
7. _____
8. _____
9. _____
10. _____

_____
_____

_____

_____

_____

_____

_____

Nombre: _____   Fecha: _____

Lecciones de lenguaje / Palabras y vocabulario—Nivel intermedio
Copyright ©2003 de Incentive Publications, Inc.
Nashville, TN.

Reconociendo y utilizando palabras y frases descriptivas

Acampando

Lee este cuento.

Luego utiliza tu diccionario o diccionario de sinónimos para encontrar una palabra pintoresca para cada palabra subrayada.

Reescribe el cuento con palabras más pintorescas.

Agrega una última línea para hacer que el cuento sea más interesante.

Mientras el sol se levantaba, el día empezó a <u>aclarar</u>. Un rocío <u>centelleante</u> cubría la tierra, y el mundo parecía <u>brillar</u>. Las pocas nubes en el cielo parecían <u>suaves</u> bolas de algodón. Los pájaros y otros animales <u>se despertaban</u>, y oímos algunos ruidos <u>raros</u>.

Nos <u>alegramos</u> que nadie más estaba acampando en el bosque. Nos <u>aprestábamos</u> para desayunar y para dar el <u>largo</u> paseo matutino de todos los días. Enrollamos nuestros sacos de dormir y nos <u>preparamos</u> para el <u>nuevo</u> día.

_____

_____

_____

_____

_____

_____

_____

_____

Nombre: _____   Fecha: _____

Utilización de palabras y frases más pintorescas

Lecciones de lenguaje / Palabras y vocabulario—Nivel intermedio
Copyright ©2003 de Incentive Publications, Inc.
Nashville, TN.

Otra palabra para eso

Los buenos escritores están constantemente buscando palabras nuevas y diferentes, para hacer que sus escritos sean más interesantes.

He aquí 20 palabras que pueden ser usadas en un escrito para sustituir al verbo *mirar*.

contemplar	ver	descubrir
vigilar	vichar	notar
revisar	examinar	inspeccionar
estudiar	observar	
buscar	percibir	

Utiliza tu diccionario de sinónimos para encontrar 7 o más palabras que podrían ser usadas efectivamente para sustituir a cada una de las siguientes palabras.

feliz (adjetivo)

1. _____
2. _____
3. _____
4. _____
5. _____
6. _____
7. _____

saltar (verbo)

1. _____
2. _____
3. _____
4. _____
5. _____
6. _____
7. _____

encontrar (verbo)

1. _____
2. _____
3. _____
4. _____
5. _____
6. _____
7. _____

asustado (adjetivo)

1. _____
2. _____
3. _____
4. _____
5. _____
6. _____
7. _____

bello (adjetivo)

1. _____
2. _____
3. _____
4. _____
5. _____
6. _____
7. _____

mostrar (verbo)

1. _____
2. _____
3. _____
4. _____
5. _____
6. _____
7. _____

Nombre: _____   Fecha: _____

Demostrando conocimiento, aplicación y gusto por las palabras

El afortunado, desafortunado número trece

Muchos piensan que el número 13 trae mala suerte.

Otros piensan que es un número afortunado.

Escribe una frase completa y dínos tu opinión.

_____

_____

Ahora, utiliza exactamente 13 frases para completar este cuento.

Utiliza una variedad de palabras interesantes para contar tu cuento.

Da a tu cuento afortunado o desafortunado un título y un final sorpresivo.

trece   13

_____
(Titulo)

El cielo que se oscurecía, el viento que aullaba, y la persistente lluvia parecían inapropiados para este domingo en la mañana tan especial. _____

_____

_____

_____

_____

_____

_____

_____

_____

Nombre: _____   Fecha: _____

Desarrollando el gusto
por las palabras

Lecciones de lenguaje / Palabras y vocabulario—Nivel intermedio
Copyright ©2003 de Incentive Publications, Inc.
Nashville, TN.

El elixir de la invisibilidad

Lee las frases a continuación, prestando especial cuidado a los detalles.

Dibuja un círculo y rotula las partes de cada frase que indican **el quién, el qué, el cuándo, el dónde, el por qué** y **el cómo.**

1. Tarde, una noche, en su polvoriento estudio, un anciano mezclaba cuidadosamente extraños ingredientes en un pequeño frasco, para preparar una poción mágica. 2. Durante muchos años, había trabajado solo en esa habitación, tratando de preparar el elixir de la invisibilidad. 3. Con ese elixir, el anciano podría ir a cualquier parte, en cualquier momento, ya que nadie podría verlo o saber que estaba ahí. 4. Él quería especialmente esconderse de su mujer, cuando ella lo regañaba enojada, para obligarlo a realizar pequeñas reparaciones en la casa. 5. Después de mezclar el mejunje por algún tiempo, levantó el frasco con manos temblorosas y se lo llevó a los labios para probarlo.

Extra: ¿Qué crees que sucedió? _____

_____

_____

_____

Termina este cuento en el reverso de la página.

Nombre: _____   Fecha: _____

Lecciones de lenguaje / Palabras y vocabulario—Nivel intermedio
Copyright ©2003 de Incentive Publications, Inc.
Nashville, TN.

Identificando el quién, el qué, el cuándo, el dónde, el porqué, y el cómo

Memos importantísimos

"Memo" es la abreviación de "memorándum". Un memo es un corto mensaje escrito para dar información específica utilizando un mínimo de palabras.

Escribe un memo para cada uno de los mensajes a continuación. Recuerda, usa la menor cantidad de palabras posible, pero asegúrate de que tu memo diga claramente el qué, el cuándo, el dónde, y el porqué.

Cenicienta quiere informar a su madrastra que se está mudando inmediatamente de la casa, y que un mensajero vendrá a recoger su ropa y demás pertenencias, el próximo martes.

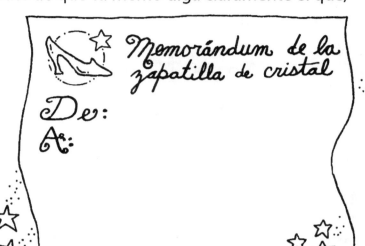

Memorándum de la zapatilla de cristal

De:

A:

MEMORÁNDUM
★ REAL ★

De:

A:

El Rey Arturo quiere informar a sus caballeros de la Mesa Redonda que la próxima reunión para decidir acerca de los nuevos miembros tendrá lugar durante la tercera semana de mayo.

Ali BabA

De:

Alí Baba quiere decirle a Jasmine que no se preocupe acerca del tratamiento que dará a los 40 ladrones, cuando entren al patio.

Lecciones de lenguaje / Palabras y vocabulario—Nivel intermedio
Copyright ©2003 de Incentive Publications, Inc.
Nashville, TN.

Anexo

Leyes de la biblioteca

Descifra estas frases para descubrir 3 reglas para usar tu biblioteca.

Copia cada regla en cada uno de los marcadores de libros.

Colorea y corta los marcadores de libros que usarás con tus libros favoritos.

libros Devuelve vencido antes o renovarlos de que hayan.

_____

muchos Lee temas libros diferentes sobre.

_____

la biblioteca están cosas Aprende en dónde las.

_____

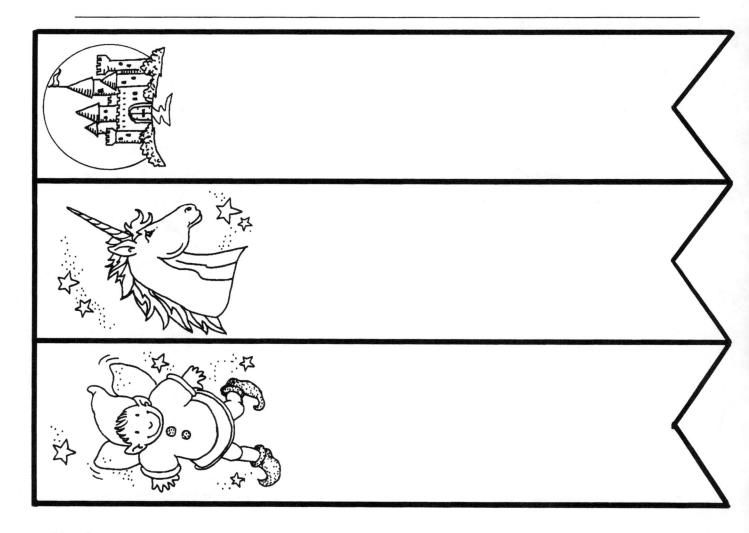

Nombre:

Fecha:

Selección de personajes

Saca un cuento de hadas de la biblioteca. Si no tienes un favorito, prueba uno de estos.

1. LeGallienne, Eva, trans. <u>Siete cuentos de Hans Christian Andersen.</u> New York; Harper Brothers.

2. Douglas, Kate, ed. <u>El anillo de las hadas.</u> New York: Doubleday & Company, Inc.

3. Lucas, Mrs. E.V., Lucy Crane, Marian Edwards, trans. <u>Cuentos de hadas de Grimm, por los Hermanos Grimm.</u> New York: Gossett & Dunlap.

Hojea el libro hasta descubrir cuentos de hadas que te gustaría leer.

Luego, encuentra personajes de hadas en los cuentos, para completar las frases a continuación.

1. Quisiera nominar a _____ para el premio a la "mejor personalidad",

   debido a _____ .

2. Me gustaría compartir una tranquila tarde sabatina con _____

   _____ debido a _____

   _____ .

3. El personaje por el que me gustaría cambiarme por un día es _____

   _____ debido a que podría _____

   _____ .

4. Creo que sería divertido invitar a _____

   a la próxima fiesta de nuestra escuela si _____

   _____ .

Nombre: _____   Fecha: _____ (75)

Desarrollando el gusto y la independencia

La clave de respuestas

Página 12

1. day
2. reparasion
3. tee enda
4. day
5. antigwedadaze
6. panadereea
7. booteek
8. sheek
9. tay-ah-tro
10. ventaniya
11. merk-ah-do
12. relohaze
13. par-ah-dah
14. owtoboos

Página 13

1. usarla
2. leer y recitarlo
3. vestirlo para calentarse
4. jugarlo
5. enterarse de algo
6. apartarse de ella
7. explorarla
8. hacer un sándwich
9. honrarla
10. comprar en ella
11. alejarse de ella
12. preparar para ella
13. resistirla
14. botarla completamente
15. evaluar su exactitud
16. ponerla al descubierto
17. conservarla
18. aprender de él
19. respetarlo
20. superarla

Página 14–15

1. ensayo
2. contrato
3. receta
4. receta
5. letras
6. ficción
7. representación
8. orden de comparecencia
9. claustrofobia
10. recurrir a evasivas
11. incógnito
12. visionario
13. museo
14. planetario
15. proactivo
16. veterinario
17. nutricionista
18. extrovertido
19. terrorismo
20. valor
21. investigación
22. invasiva
23. cardiólogo
24. bandada
25. avocación
26. arquitecto
27. cosmetólogo
28. afligido
29. innovador
30. acuario
31. tranquilo
32. generoso
33. preludio
34. bis

Página 16

tiempo: tormenta, huracán, lluvia, graniza

cuerpos celestes: luna, etrellas, cometa, sol

instrumentos: reloj, binoculars, telescopio, ancla

partes de un barco: vela, casco, camarote, cubierta

Página 19

Helga y Nars nunca hubieran debido salir de casa tan tarde en un día como éste. Los hermanos fueron sorprendidos completamente y agarrados por la ventisca inesperada y el tiempo malo. Nubes oscuras, repentinos relámpagos, y fuertes truenos empezaron a verse y a oirse todos a la vez. La ventisca se ponía más y más violenta con cada minuto. Como su madre tullida quedaba en casa solita, se sentían verdaderamente asustados por su seguridad. Como el viento azotador y la nieve cegadora se ponían cada vez más fuerte, Nars se puso alarmado. Puso sus manos heladas en sus bolsillos, sin embargo, y fue valientemente adelante. Estaba tratando desesperados de guardar a Helga para que no se alarmara. Como Helga le seguía los pasos, su corazón latía frenéticamente. Sólo pensaba en lo miserable y fría que estaba. Como la nieve había borrado por completo el sendero, ambos niños se sentían confusos y desesperados. Al atardecer, hasta el valiente Nars empezaba a tener mitedo .

Página 21

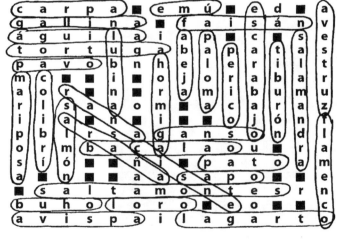

1. Emú
2. Rana
3. Colibrí
4. Aguila
5. Pato
6. Pavo
7. Hormiga
8. Tiburón
9. Bacalao
10. Araña
11. Tortuga
12. Mariposa
13. Perico
14. Cisne
15. Ganso
16. Paloma
17. Saltamontes
18. Salamandra
19. Loro
20. Salmón
21. Escarabajo
22. Faisán
23. Avestruz
24. Abeja
25. Gallina
26. Flamenco
27. Lagarto
28. Carpa
29. Avispa
30. Sapo
31. Lubina
32. Buho

Las letras que quedan forman la palabra "dinosaurio."

Lecciones de lenguaje / Palabras y vocabulario—Nivel intermedio
Copyright ©2003 de Incentive Publications, Inc.
Nashville, TN.

La clave de respuestas

Página 23

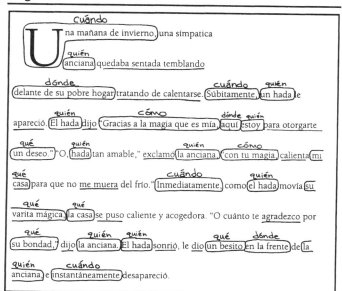

cuándo
Una mañana de invierno, una símpatica
quién
anciana quedaba sentada temblando
dónde   cuándo   quién
delante de su pobre hogar tratando de calentarse. Súbitamente, un hada le
quién   cómo   dónde quién
apareció. El hada dijo "Gracias a la magia que es mía, aquí estoy para otorgarte
qué   quién   quién   cómo
un deseo." "O, hada tan amable," exclamó la anciana, "con tu magia, calienta mi
qué   cuándo   quién
casa para que no me muera del frío." Inmediatamente, como el hada movía su
qué   qué
varita mágica, la casa se puso caliente y acogedora. "O cuánto te agradezco por
qué   quién   quién   qué   dónde
su bondad," dijo la anciana. El hada sonrió, le dio un besito en la frente de la
quién   cuándo
anciana e instantáneamente desapareció.

Página 24

Las respuestas variarán; asegúrese de que el estudiante ofrezca una respuesta bastante lógica. Las siguientes son posibles respuestas:

Palabra tachada	Categoría
1. sombreros de señora;	partes de un barco
2. cordero;	criaturas del mar
3. cueva;	sitios donde vivir
4. platija;	modos de transporte
5. frigorífico;	fuentes para servir comida
6. sartén;	comida
7. traición;	tormenta
8. sorbete;	hierbas
9. abogado;	médicos
10. popular;	Madera
11. estetoscopio;	partes del cuerpos
12. orquídea;	se encuentra en la playa
13. flautista;	personas que trabajan con plantas y flores
14. actriz;	escritores
15. impermeable;	prendas de vestir
16. apnea;	viajes
17. mago;	criminales o ladrones
18. reloj;	luz
19. teléfono;	sitios donde dormir
20. vasija;	comidas

Página 27

1. fiesta, descanso, escapada
2. representación, recital, musical
3. caminata, vuelta, ambladura
4. estiloso, de moda, chic, fino
5. sencillo, inicial, fundamental, primordial, principal
6. gorro, gorrita, turbante, casco
7. triste, deprimido, abatido, desalentado, infeliz
8. elogiar, aplaudir, aprobar, recomendar

Página 28

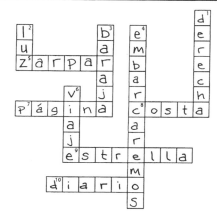

Página 29

Palabra	Sinónimo	Verbo	Adjetivo
1. mar	mar	——	——
2. ola	ola	——	——
3. viento	viento	——	——
4. feo	——	——	feo
5. romper	——	romper	——
6. rápido	——	——	rápido
7. nuevo	——	——	nuevo
8. canción	canción	——	——
9. agua	agua	——	——
10. tirir	——	tirir	——
11. enorme	——	——	enorme
12. pez	pez	——	——
13. feliz	——	——	feliz
14. llevar	——	llevar	——

Página 30

1. sin cesar
2. marchitadas
3. expandidos
4. deprimente
5. abatido
6. sabía por cierto
7. viaje

La clave de respuestas

Página 31

Página 32

1. brillante	5. más gloriosa	9. angelical
2. sabroso	6. evaluar	10. enojada
3. fértil	7. brioso	11. peor
4. suelta	8. reciclado	12. más dulce

Página 33

tocadiscos	cortacorriente	retroactiva
contraataque	cortacésped	bocacalle
contrapié	cortapastas	sordomudo
cortafuego	minifalda	

¡Guárdate de los obstáculos que se encuentran;
el rastro que dejes lo revelará todo!

Página 36

1. geología	4. zoología	7. silvicultura
2. botánica	5. oceanografía	8. vida salvaje
3. entomología	6. ecología	

Página 37

1. decidido
2. dividido
3. recordado
4. dibuja un círculo alrededor de la palabra 'intranquilo'
5. Los habíamos visto antes.
6. definitivamente
7. choque

8. interrogatorio
9. confundido
10. Las respuestas podrán variar.

Página 38

como una alondra en la tarde de un viernes
el llegar allá lucía más fácil que hacer el viaje
tan muerta como el clavo de un portón
dispuesto a ayudarla
Finalmente
¡Mejor tarde que nunca!
encendío como un árbol de Navidad
Para abreviar el cuento
se divirtío de lo lindo
justo a tiempo

Página 40

Acepte cualquier respuesta razonable. Respuestas sugeridas:

1. ordenadamente	6. visitante
2. médico	7. guardián de seguridad
3. enfermera	8. conserje
4. enfermera	9. médico
5. cocinero	10. administrador

Página 41

1. soufflé	7. entremeses
2. glaseado, cristalizado	8. conocedor
3. gastrónomo	9. asistente del jefe de cocina
4. adornado	10. marinado
5. entrada	11. culinario
6. chamuscado	12. caramelizado

Página 49

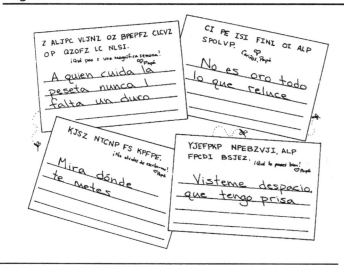

La clave de respuestas

Página 54

1. eufórico
2. anticipatorio
3. temeroso
4. juguetón
5. triste
6. desalentado
7. exasperado

Página 55

1. malo, sigilosamente
2. feliz, siempre trataba de hacer reir a la gente
3. nuevo, tímidamente, mansamente
4. se reía gozosamente, llamaba con alegría
5. diminuto, malo
6. altanero, mano de hierro, indiferente
7. pobreza, alegre, espontáneo
8. rudo, viejo, guardaba, ferozmente

Página 57

"tonto sabio"

"cobarde valiente"

"feliz pesimista"

"principio del fin"

"escondida a plena vista"

"pequeño gigante"

"callado trueno"

"lágrimas felices"

Página 58

1. araña
2. peligro
3. fealdad
4. néctar
5. duendes
6. maleficio
7. duende
8. polvo de estrellas
9. espada
10. prisionero

Página 60

Palabras y frases subrayadas:

grande, inesperado, reluciente, satén, real, hermoso cuello de piel, larga cola, plata, hermosamente decorados, reales, magnífico, rodeada, bruñidos, y altas

Página 63

Era una noche oscura, (lúgubre) tempestuosa (tormentosa) en Metropolis. Las luces de la ciudad brillaban (relucían) malvadamente (malignamente) en las calles mojadas (bañadas por la lluvia), y los únicos ruidos (sonidos) que se oían eran los ululantes (lamentos) de las sirenas de la policía y los aullidos (alaridos) de las ambulancias.

Un raquítico (crijiente) autobús dobló trabajosamente (pesadamente) una esquina y se paró en frente de un edificio destartalado (dilapidado). El letrero al neón sobre la puerta parpadeaba (relampagueaba) "H tel de la Ciudad", apagándose y encendiéndose toda la noche (oscuridad). Un grupo de basureros llenos (desbordados) estaban alineados (juntos) en la acera del hotel; sus tapas cayeron al suelo (concreto) con gran estrépito (alboroto), cuando gatos y perros errantes (callejeros) andaban furtivamente (merodeaban) en medio de la basura (los desechos).

Mientras se sentaba en el autobús, Joyce miraba cansadamente (fatiosamente) por la ventana la triste (deprimente) escena, con corazón deprimido (abatido). "No quiero quedarme aquí," pensó. "Este hotel es viejo y destartalado (dilapidado), y apuesto a que está sucio (vil) por dentro. No importa que todo nuestro grupo (todo nuestra tropa) esté en un solo lugar (juntos). Este sitio (vecindario) me luce inseguro (peligroso). Me pregunto (Cuestiono) si nuestra guía ha estado aquí antes (previamente). ¡Seguramente no! Este lugar es sencillamente horrible (asqueroso)!"

Página 71

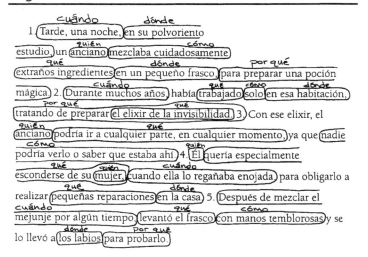

Página 74

Devuelve libros o renovarlos antes de que hayan vencido.

Lee muchos libros sobre temas diferentes.

Aprende dónde están las cosas en la biblioteca.